平凡社新書
063

こんな英語ありですか?
謎解き・英語の法則

鈴木寛次
Suzuki Kanji

HEIBONSHA

まえがき

　あらかじめお断りしておきますが，本書は単なる英文法解説書ではありません。英語の面白さを理解できる本です。そして，高等学校を卒業した読者なら，誰でも読みこなせると思います。日本人の英語力は，平均すると高校卒業時が最も高いかもしれません。大学生になると必須科目でなくなる時代ですし，高校時代とさして変わりばえのしない講義に背を向ける人も多いはずです。学校を卒業すると，英語に関係がなくなる人も多くなります。そして，数年，あるいは十数年が過ぎると……。

　本書はそういう人たちのためのものです。高校時代・大学時代に習得した英語力を取り戻したい人，社会で大いに活躍をしながらもう一度英語の必要性に迫られている人，長い年月を英語に費やしながらも自信が持てない人，本書はそういう方々のために書いたものです。

　本書を読んでくださる方々は，おそらく英語に不信感・不快感を抱いているかもしれません。
「英語には例外が多すぎる」
「どんなに勉強しても自信が持てないし，不安である」
等々と。著者はそう考えておりません。

英語は世界の数多い言語の中で「最も上手に作られている」言語です。読者の皆さんは、これを信用しないかもしれません。しかし、事実です。反論する人は、きっとこう主張するでしょう。

「例えば、冠詞の a や the の用法を考えても、原則はあることはあるが、実際には無原則に近いのではないか」

「自動詞や他動詞の区別はあるが、例えば、I go it alone.（私は一人でやる）の go はどちらかに断定できるのか」等々。

　このような疑問はすべて解決可能です。英語にはほとんど例外がありません。

　皆さんがお持ちの辞書を見てください。ゴシック体で書いてある、いわゆる熟語や慣用句といわれるものは、一般には文法規則では説明不能と考える向きもあるようですが、著者に言わせれば、ほとんど解析可能です。換言すると、英語のほとんどの表現は、数学の公理・定理と同じように解法可能です。逆説表現をすると、明確な理由があるからこそ、特殊表現が生まれるのです。

　英語はヨーロッパ諸言語の中で、最も顕著な変遷をたどった言語です。歴史的観点から考えると、英語は三つに分類されます。（1）古期英語（Old English）（2）中期英語（Middle English）（3）近代英語（Modern English）です。

　古期英語は西暦700—1100年の英語で、主として北ドイツの方言から発達した言葉です。中期英語は西暦1100

―1500年の英語で，主としてフランス語の影響を受けた言葉です。近代英語は西暦1500年以降今日まで使用されている英語です。

　一見したところでは文法を無視したように思える英語表現も，長い歴史を振り返って考えると，必ず原則通りであるケースが圧倒的です。すなわち，英語には長い歴史を通して底を流れる本流が存在するのです。本書の目的は，この流れの底にあって，従来は目に見えなかった英語の神秘を表面に引き上げることです。どうぞ期待していただいて結構です。

　ただし，あらかじめお詫びしなくてはならないことがあります。英語がインド・ヨーロッパ語のひとつである以上，英語の性質を調べるためには，その仲間である英語以外の言語を使用しなくてはならない場面もあります。もちろん，最小限にとどめるつもりですが，その際はご容赦願いたいと思います。このような場合，引用例文としては，英語以外の言語に合わせて英語例文もあげておきますし，可能な限り語数も英語に合わせるつもりです。それでも気に入らないという読者は，どうぞ読み流していただいて結構です。読者にご理解いただく補助手段ですから，参考くらいの軽い気持ちでお考えください。引用する英語以外の言語が理解できなくても，全体としてはわかるように説明するつもりです。

　本書を読み終えた暁に，英語がいかに合理的な言語かを理解して戴けましたら，著者も喜びの極みであります。

こんな英語ありですか？●目次

まえがき 3

第1章
英語は八頭身美人がお好き ……………………… 11

1 英語はスタイリストである 11
頭でっかちを避ける 11
破格の語順の理由 14

2 トイザラス（TOYS"Я"US）は怪獣か恐竜？ 18
謎解き・TOYS"Я"US の由来 18
これが本当に英語？ 20
れっきとした方言として存在する "I is" 22
"I is" "You is" の種明かし 25
主格と目的格の互換性 29
倒置はほどほどに 31

第2章
「時は金なり」とはいうものの ……………………… 34

1 「時」は動く 34
時を表わす言葉の変身 34
方法を表わす表現も変身する 36

2 「時」は金なり：時の二重表現は避ける 38
「時制の一致」は絶対ではない 38
言わなくてもわかることは言わない 41

第3章
厚化粧・薄化粧 46

1 厚化粧は醜い 46
正しくても飾り過ぎはだめ 46
いろいろな厚化粧 48

2 適度の化粧はいいものだ 50
省略のし過ぎ,でも現実に使われる文 50
which と一緒に in まで省略 53
文脈でわかれば省略の対象 55

第4章
彼女には it があり,英語にも it がある 59

1 彼女には it がある:名詞の it 59

2 代名詞の it は減少のイット(一途) 61
"I am cold." のできるまで 61
進行形や do, does は一時の流行や俗語だった 64
他のヨーロッパ語には根強く残る非人称 it 68

3 目的語の it はイットウ(一等)注意 70
英語古来の it の用法 70
それほど厳密ではなかった自動詞/他動詞の区別 72
前置詞の後にくる it 75

第5章
再帰代名詞は再起代名詞 それとも再起不能代名詞? 77

1 再帰代名詞の七変化:再帰代名詞の変化の過程 77
2 再帰代名詞の死亡通知:再帰動詞から自動詞へ 80

第6章
「the 滅」と「不定冠死」:冠詞の不思議 ……… 82

1 「the 滅」の法則:the は減少の運命 82
多くのケースで the は省略可能 82
the の完全消滅とフランス語の影響 84
the がついているほど古い英語 87
定冠詞の有無と意味の違い 90
the を捨てて代名詞に走った英語 93
hand in hand は何の略か 97

2 不定冠死の法則:不定冠詞も減少の運命 100
消える a, もともとつかない a 100
a が生じる例外 105

第7章
「お気に召すまま」
as you like と as you like it ……… 107

1 as you like と as you like it の違い 107
さまざまな as 107
文法違反があたりまえの as 110
ペアの語が欠けて裸になった as 114

2 as は忍者 116
さらに変化自在の as 116
as 慣用句成立のしくみ 119
忍者の面目躍如 121

第8章
コンマの恐怖 ……… 123

1 苦闘点(句読点)の種類 123

2 コンマ一つで文にあらず 125
    接続詞は比較的新しい産物 125
    かつてはコンマで文を羅列させていた 128

3 コンマ一つで文になる 130
    コンマの芸当 130
    セミコロンの技 132

4 コンマなしでも文になる 134

第9章
動詞はどうしよう(動詞様)もござらん …… 139

**1 「go-go dancer」の go の法則：
自動詞と他動詞の区別はつくか** 139
    「スピーク・ラーク」って何？ 139
    揺れ動く go と come 140

**2 「go-go dancer」は消えゆく運命：
go や come は消えてくれ** 142

3 自動詞と他動詞の区別は重要かつ無駄 144

4 コロケーションは「collation＋caution」の短縮形？ 148

第10章
「不定詞＝(to不定詞＋原形不定詞)÷2」の法則 … 153

1 「意味上の主語」とは人間様だけ？ 153
    隠されている主語「人間」 153
    自明な発話主体も省略される 156

2 「to 不定詞≒原形不定詞」の法則 158
    堂々と登場する裸の不定詞 158
    原形不定詞は伝統的用法 160

原形不定詞を従える go, come, help　163
使役動詞 let と make　166

3 「be＋to 不定詞」＝アメーバの法則　168

だから英語はいいかげん？　168
TO LET の謎　169

第11章
always の-s って何？：副詞の怖さ　……173

1 Sundays の-s の理解方法　173

もともと所有格からきた-s　173
時を表わす名詞は並列構造を回避する　176
of を利用した用法　176

2 long と longe は long long ago：
　副詞と形容詞の相違はあるか？　178

-ly がつかない単純形副詞　178
lang と lange　180

3 Mont Blanc は「ケーキ」ではなく「白山」のこと：
　形容詞の後置　181

第12章
前置詞は全治師ゼウス：前置詞は万能か？　……185

1 前置詞は全治師か，それとも導師か？　185

かつては接続詞の役割を果たしていた前置詞　185
疑問節を従える前置詞　189

2 前置詞は形容詞の導師　191

3 後置詞（postposition）　192

あとがき　194

第1章
英語は八頭身美人がお好き

1 英語はスタイリストである

頭でっかちを避ける

　英語は現代の若者気質と同じです。カッコイイのが一番です。けっこうスタイルを気にします。
　その典型的な例をあげてみます。

The day will come *when we human beings can make a long trip to the moon.*（私たち人類が月へ長旅ができる日が来るでしょう）

　高校で学んだ関係詞（relative）を思い出してください。先行詞（antecedent）と関係詞は，可能な限り近い位置に置かなくてはならないという原則を。
　この原則に従うならば，上の文は次のようになります。

The day when we human beings can make a long trip to the moon will come.

これでは主部（subject）が長すぎて，述部（predicate）が will come だけになってしまいます。いわゆる「頭でっかち尻つぼみ」になっています。人間に例えるならば，理想のスタイルは八頭身であり，火星人（Martian）や宇宙人（E.T.＝extraterrestrial）は対象から外されます。文法規則を無視してでもスタイルにこだわっているわけです。
　同じような例が諺にもあります。

All that glitters is not gold.（輝くものすべてが金とは限らない）

　主部は all that glitters であり，極端に「頭でっかち尻つぼみ」にはなっていません。それでも英米人にはそう感じるのでしょう。that 以下の関係節を後置して，
All is not gold *that glitters*.
と「頭でっかち」を避けようと努力しているのです。
　英語は語順を非常に大切にする言語ですが，このようにスタイルを重んじたり，意味を理解しやすくするために語順を変えることがよくあります。
　次の文はアメリカの新聞『ワシントン・ポスト』（*The Washington Post*）からの引用です。

The United States does not *make clear that* it is

prepared to lead at Geneva.（合衆国はジュネーブの交渉で主導権を握る覚悟を明確にしていない）

学校文法に従えば，引用文は

The United States does not *make it clear that* it is prepared to lead at Geneva.

であったはずです。なぜなら，第5文型（S＋V＋O＋C）で「it＝that 以下」の関係になっているからです。当然のことながら，it は仮の目的語であり，真の目的語は that 以下です。

それゆえに，上の引用文は，本来あるべき it が慣用的に省略されたと考えるのがふつうです。

同じ例が他にも見出されます。

You have to *make certain that* there are no mistakes.（間違いのないようによく確かめなくてはなりません）

やはり，学校文法では，次のように考えるべきです。

You have to *make it certain that* there are no mistakes.

もちろん，第5文型の文であるから，

You have to *make that* there are no mistakes *certain*.

が文法上は正しいことになります。that there are no mistakes が目的語（object）で certain が補語（complement）ですから。しかし，この英文では，目的語と補語の関係が明白ではありません。したがって，ふつうの場合，この文は使用しません。

さらに，第5文型でなくても目的語の it が省略されることがあります。

I *took for granted that* everyone would like apples.
（誰もがりんごを好きであると私は当然思っていた）

学校文法では，

I *took it for granted that* everyone would like apples.

でしょう。上の文型は「主語＋動詞＋目的語＋for＋名詞（代名詞あるいは形容詞）」です。

このように，it を省略する現象は口語文・会話文において日常的に生じていますが，文法上は破格になるから，辞書には慣用句扱いになっているのです。

破格の語順の理由

しかし，どう考えても第5文型「S＋V＋O＋C」で

日本への進出が著しい，アメリカ最大のチェーンを誇る玩具店の名前です。

「トイザラス」については，非常に興味ある事実があります。著者の経験ですが，周囲の人に「トイザラス」の由来を訊ねると，決まって返ってくる返事は

「昨今は怪獣ブームだから，そのブームにあやかった架空の怪獣の名前だろう」

というのが大方なのです。英語関係の職業についている人たちですら，こんな返事がふつうです。

　彼らは「恐竜」がdinosaurであることを知っているのです。dinosaurがギリシャ語のdeinós「恐ろしい」とsaúra「とかげ」との合成語であることを。さらに，恐竜の種類として「ステゴザウルス」がstegosaurで，ギリシャ語のstégos「屋根，覆い」とsaúraの合成から生じて「剣竜」となり，また，「ティラノサウルス」がtyrannosaurで，ギリシャ語のtýrannos「暴君」とsaúraの合成で「暴君竜」となり，体長15メートルにも達する最大の肉食恐竜であったことを。

「トイザラス」の商法は実に見事というほかありません。おそらくアメリカの子供たちもそう信じて疑わないのだと思います。

　一方，同じ質問を数人のアメリカ人にしたところ，即座に返ってきた返答は

　"It means that we are toys."

でした。つまり

TOYS"Я"US＝We are toys.
だというのです。そんな時，著者は間髪を入れず，次のように言ったものです。
　"Us are toys."
と。
　さあ，この手品の種明かしをしましょう。非常に複雑な話になりますので，結論を先に述べておきます。
　TOYS"Я"US＝TOYS ARE US.＝US ARE TOYS.
であるということを。
　"Я"は"R"の鏡文字で，「逆から読め」の意味なのです。つまり，「倒置になっているんだよ」というメッセージなのです。改めてネーミングの素晴らしさに感動するではありませんか。

これが本当に英語？

　それでは Us are toys. がどうして英語表現としてアメリカ人に受け入れられているのでしょうか。
　まず，読者がよくご存じのアメリカの漫画『ポパイ』（POPEYE）の登場人物であるポパイとオリーブ（OLIVE）の会話を紹介します。

POPEYE：DOES YA REALIZE WHAT YA IS DOIN'?
OLIVE：OF COURSE I DO! I'M ABOUT TO PROVE IT ISN'T A MAN'S WORLD!
（ポパイ：あんたは手前がやらかそうとしていることがわ

かってんのか？
オリーブ：もちろんよ！　私はそれを男性だけのものではないことを証明するつもりよ！）

この短い対話からでも，オリーブの英語が標準英語であるのに対して，ポパイの言葉が品の悪い俗語に満ちていることが理解できると思います。発音通りでなく，綴字だけでも標準的なものに直すとこうなります。

Does you realize what *you is* doing?

読者が高校で学んだ英語には程遠い代物です。他にポパイが使用している俗語表現をいくつか列挙しましょう。

You is right!（おまえは正しい）
I has to see Olive!（俺はオリーブにあわなくちゃあ）
Ya has to stop the horrible thing *ya is* doing!!（おまえがやろうとしているひでえことをやめなくちゃあ）
I loves 'at girl, so *I does* not want her *hurted*!（俺はあの女が気にいってんのさ，だから，あいつに怪我をさせたくねえからな）

これも，せめて綴字だけでも標準的なものに直しておきましょう。

You is right!
I has to see Olive!
You has to stop the horrible thing you is doing!!
I loves that girl, so I does not want her hurted!

これだけ例をあげれば十分でしょう。読者の知識にない英語表現を以下に列挙してみます。

you is ...,
I has to ...,
you has to ...,
I loves ...,
I doesn't want her hurted.

英文法の最低規則である「3人称単数現在の-s」ですら無視されています。最後の例で hurt の代わりに hurted が使用されているのは単なる無知蒙昧を表現しようとしたものでしょう。

れっきとした方言として存在する "I is"

次にイギリス英語の俗語・方言に触れておきましょう。イギリスの言語学者 M. Wakelin は書いています。

The verb 'to be'. This verb has a large variety of interesting forms, but we may note only one aspect here : looking at the form 'I am', we see England divided into two —— *I be* in the west and *I am* in the east (and in west Cornwall)——by a line roughly parallel with the ancient Watling Street boundary. *I bin* occurs in a small sub-area of the west (Shropshire and its environs), showing the -n ending characteristic of some west midland dialects(see above). *I are*, occurring sporadically along the *I be/I am* boundary and in the south-east, is an enigma but possibly a product of dialect mixing : *I is* in the north is probably derived from ON *ek es*. (マーティン・ウェイクリン〈Martyn Wakelin〉著:「イングランド田舎方言」〈"Rural dialects in England"〉, ピーター・トラッジル〈Peter Trudgill〉編『イギリス諸島の言語』〈*Language in the British Isles*〉: ケンブリッジ大学出版〈Cambridge University Press〉より)

(動詞 'to be'。この動詞は変化に富んだ興味ある形を持っているが, ここではひとつの局面だけに注目すればよい。I am の形を見ると, イギリスは二つに分割されていることがわかる。つまり, 西部の I be と東部 (および西部コーンウォル) の I am である。そのおよその境界線はウォトリング古街道と平行である。I bin は西部 (シュロップシャー州およびその周辺) の小地域で発生していて, (上述の) 中部地方西部方言での -n 終止の特徴を示している。I are は I be と I am の境界線に沿った地域および南東部に散在しているが, この表現は出拠不明である。しかし, おそらくは方言混合の産物であろう。I is は北部のもので, 多分古期ノルド語の ek es から派生したものである)

以上の記述から, イギリス英語にも I am... の他に I be..., I bin..., I is..., I are... が存在することが理解できたでしょう。

英語が西ゲルマン語に属する以上, 英語が他の西ゲルマン語と深い関係にあることは当然でしょう。英語と地理的に最も近いオランダ語では I am... に相当するものは ik ben... になります。英語の I be... にきわめて近いものです。また, 低地ドイツ語では I am... に相当するものは ick bin... で, 英語の I bin... にきわめて近いものになります。この現象はむしろ当然のことと言えましょう。

さて, 今問題になるのは I is... と I are... でしょう。しかし, 上の記述によると, I are... の出拠は不明とありますが, I ain't... の ain't が is not, are not, has not, have not 等の縮約形かつ非標準形であることを考えれば, I are... の形が存在しても不思議ではありません。

このようにイギリス英語, アメリカ英語とも, 方言・俗語としては, I is..., I are..., you is... があってもいいことが理解できたと思います。

くどいようですが, この記述を裏付けるものとして *The Oxford English Dictionary*(*OED*)の ain't の項を

はなく「Ｓ＋Ｖ＋Ｃ＋Ｏ」にしか見えない文もあります。

She *kept open* her eyes all night long.（彼女は一晩中目を開けていた）

学校文法通りの語順に従えば

She *kept* her eyes *open* all night long.

であるはずですが。どうして，補語 open が目的語 her eyes の前の位置にきたのでしょうか。学校文法で習得した規則に頼りすぎると不思議さに度肝を抜かれることになります。種明かしをしましょう。

ここでは open が，動詞 keep に引きずられたと考えるべきなのです。といいますのも，ここで使用されている形容詞 open は，同時に動詞としての性質も持ち合わせております。例えば，"Open sesame!"（「開け，ゴマ！」）のように。形容詞でありながらも，英米人には動詞との関連性が強く感じられるのだと思います。

このような事例を他にあげておきます。

He *threw open* the window.
＝He *threw* the window *open*.（彼は窓を開け放した）

このように補語が直接，動詞の後に置かれる場合，補

語となる形容詞は動詞の性質を有することが多いのです。例をあげると,

　　cut loose「切り離す」
　　let loose「解き放す」
　　keep shut「閉め続ける」
　　set free「逃してやる」

等があります。

　辞書によってはthrow openのような例を群動詞と考え, throw openを慣用句として掲載する場合もあります。しかし, そうなると, 上にあげた他の例, cut loose, let loose, keep shut, set free等も慣用句として掲載せざるを得なくなるはずですが, 実際には載せていないので, 矛盾が生じる結果になります。

　最後にitの位置について考えてみましょう。次の英文は, いずれも「私は君にそれをあげます」の意味です。

　（1）I will give *you it*.
　（2）I will give *it to you*.
　（3）I will give *it you*.

　上の3例のうち例文（1）はふつう使用されません。英文法の原則からすれば,
　I will give you money.（私は君にお金をあげます）

の例文から理解される通り，give は授与動詞（二重目的語をとる動詞。与格動詞＝dative verb ともいう）ですから，後に間接目的語（indirect object＝ふつうは「人」），さらに直接目的語（direct object＝ふつうは「物」）がきます。したがって，例文（1）は正しい語順であるはずですが，直接目的語が it の場合にはこの原則が成立しないのです。一般には，

（2）I will give it to you.

はアメリカ英語で多く使用され，

（3）I will give it you.

はイギリス英語で多く使用されるといわれています。

ここでは，一見した限りでは誤りとも思える

（3）I will give it you.

の語順を考えることにします。

この問題はいくら英語を深く研究しても，解決の糸口は見つからないでしょう。こういう時は英語の親類であるドイツ語やフランス語を参照するに限ります。

Gib's ギブス ihm イーム！（彼をやっつけてしまえ）（ドイツ語）
Give *it* *to* *him*！（英語）
（参考：ドイツ語の gib's は gib ギブ es エス の短縮形で英語の give it に相当します）

ドイツ語でも英語でも，it と him の語順が同じになっています。

フランス語の例をあげましょう。

Je *le* prends.（私はそれを貰います）（フランス語）
（ジュ ル プラン）
＝I *it* take.（英語）

もちろん正しい語順の英語にするには
I take *it*.
です。

さあ！　以上の例文から帰納法により，it の位置を確定する文法規則を作り出してください。その通りです。**代名詞 it は目的格の場合，可能な限り文の前部に位置させるのが原則**なのです。ただし，「意味の取り違えが生じない限り」という条件は当然つきますが。

しかし，英語で it の代わりに that を用いる場合には，語順を変更させることはありません。

Don't give me that！（そんなことを言わないでくれ）（口語）

2　トイザラス（TOYS"Я"US）は怪獣か恐竜？

謎解き・TOYS"Я"US の由来

読者の中で TOYS"Я"US を知らない人がいるでしょうか。TOYS"Я"US を知らなくても「トイザラス」と書けば，英語に詳しい方は理解できると思います。近年

参照しておきましょう。

> [A contracted form of *are not*, used also for *am not*, *is not*, in the pop. dialect of London and elsewhere : hence in representations of Cockney speech in Dickens, etc....]
> (are not の短縮形で，ロンドンやその他の一般的な方言で am not, is not の代わりにも用いられる。したがって，ディケンズ等の作品の中でコクニー〈ロンドンの労働者階級の人々が話すなまり＝著者注〉の表現とされる）

したがって I ain't... は，I is not... とも I are not... とも解釈されても不思議ではないでしょう。

"I is" "You is" の種明かし

では，なぜ I is..., you is... 等の表現は生まれるのでしょうか。答えは案外簡単です。

読者が所有している辞書で please の項を参照してください。慣用表現 if you please に

> if you please「どうぞ」「できれば」「よろしかったら」

等の訳がついているはずです。何か疑問を感じないでしょうか。確かに，please には自動詞としての用法もありますから，この場合に自動詞と解釈して「もしもあな

たがよろしいのなら」とすることも理論上は可能です。しかし，自動詞なら慣用表現としてあえてゴシック体で表記する必要はないでしょう。

　実は if you please の元の形は

> if *it* please *you*「もしも何か理解できない漠然としたものがあなたを喜ばすなら」

であったのです。詳しいことは後でもう一度述べますが，「何か理解できない漠然としたもの，つまり，非人称の it」が省略された形なのです。it が省略されて you が it の位置にきた，いわゆる，文法上の例外規則なのです。すなわち，読者がおそらく想像もしなかったように，if you please の you は目的格なのです。if you like についても同じことが言えるのです。どんな辞書にも慣用句として掲載されている由縁です。

　この現象をさらに詳しく研究しましょう。

　まず，次の例文を見てください。

> *It seems to me* that he is ill.（彼は病気のように見える）

この文における to me の me は古期英語や中期英語の時代には me あるいは mi で表わされ，与格（間接目的格で今日の英語の「…に」に相当する）および対格（直接目的格で今日の英語の「…を」に相当する）に相当す

るものでありました。つまり、英語の形態としては

It seems me that he is ill.

の形もあったのです。これも it 省略の原則に則り、me が it の位置にくると

Me seems that he is ill.

が完成します。今日の英語でも、古語として meseems「私には…のように思える」、methinks「私は…と考える」がありますが、これも本来は me seems..., me thinks... であったのです。元来は目的格であった me が主格に代えられて I に変化したものが、『ポパイ』にでてきた

I loves...

I does not want...

なのです。英語の方言あるいは俗語では、文法の3人称単数現在の -s がこのような過程を経て完全に崩れ去っています。

　こう書くと読者の中には騙されていると思う方々もいるかもしれませんので、もう一つ例をあげましょう。辞書で thee の項を参照してください。

　thee は thou「汝は」、thy「汝の」、thee「汝を」「汝に」の thee です。辞書によれば、thee＝thou でクエーカー教徒は thee has... のように thee を主語に用いると表記してあります。つまり、you has... の誕生です。

　蛇足ではありますが、「あなたは先生です」をオランダ語では

U is leraar.
（ユー イス レーラール）

と言います。英語の俗語表現では

You is learner.（あなたは先生です）

となります。正しい英語では

You are a teacher.

です。

オランダ語のuは，英語の俗語のU bet!（きっとだぜ），IOU「借用証」から理解できる通りです。つまり，U bet! は You bet! で，IOU は I owe you の音から発生したものです。オランダ語の leraar は「leren する人」の意味です。つまり，英語の「learn する人」の意味です。learn は今日の標準英語では「教わる」「学ぶ」の意味ですが，昔の用法，つまり今日の非標準用法としては「教える」と，正反対の意味を持つことは，辞書を見れば一目瞭然でしょう。不定冠詞の有無に関しては，オランダ語，ドイツ語，フランス語あるいはその他のヨーロッパ諸言語では，職業や役職・官職を表わす語はふつう冠詞をとりません。英語では

We elected him *chairman*.（我々は彼を議長に選んだ）

のように，役職・官職を表わす語が補語として使用される場合には無冠詞とするという規則がありますが。

これで，オランダ語においても英語と同様に

You is...

と同様の表現が用いられていることが判明しました。それも当然のことでしょう。英語とオランダ語は，互いに最も近い親類なのですから。

主格と目的格の互換性

だいぶ長い間，横道にそれてしまいましたが，賢明な読者の皆さんは，以上の説明から
　Us are toys.（我々は玩具を売っています）
の英語が十分理解できたと思います。もちろん，Us are toys. は
　Us is toys.
が原形であったことも理解できたでしょう。

それと同時に，ここで英語の法則をさらに一つ見つけました。「**英語における名詞・代名詞の主格と目的格は互換性がある**」と。

だからこそ，文法的には
　It's *I*.（それは私です）
が正しくても，現実の会話ではふつう
　It's *me*.（それは私です）
の表現が使われるのです。

もっとも，日本語でも主格と目的格の混同は頻繁に認められます。先日，テレビを見ている時に植物学の先生が，こう言っておりました。「この草は『スギバヒエンソウ（杉葉飛燕草）と名前が付けてある」と。「名前が付けてある」のではなく，「名前を付けてある」が正しい

表現でしょう。さらに，別の表現「値段が高いので，私はこの本が買えない」と「値段が高いので，私はこの本を買えない」の相違となると，ほとんど区別できないのではないでしょうか。

しかし，読者には依然としてまだ不審な点が残っているのではないでしょうか。「我々は玩具を売っています」は，

Us are toys.

や

We are toys.

ではなくて

We sell toys.

ではないか，という疑問です。つまり，Us are toys. や We are toys. では「我々自身が玩具である」ことにならないかという疑義です。

この疑問を解くために，日本語で考えてみましょう。

A：今日の昼食は何にしようか。
B：私は寿司が食べたいな。
C：私はハンバーガーがいいかな。
D：私は蕎麦だ。

最後のD氏の言葉「私は蕎麦だ」は日本語として十分認められるところです。もちろん「私自身が蕎麦である」はずはなく，「私は蕎麦を食べる」の意味です。

上の会話文を英語で表現するとこうなります。

A：What shall we *eat* for lunch?
B：I'd like to *eat* sushi.
C：I *want* hamburgers.
D：I *am* noodles.

ただし，I am noodles. におけるストレスはnoodlesではありません。noodlesにストレスがくると「私自身が蕎麦である」になってしまいます。ストレスはIにあります。

これで結論が出たと思います。We are toys. や Us are toys. は状況によっては正しい英語であることが。

倒置はほどほどに

Toys are us. のように，英語において主語と動詞のふつうの語順「S+V+C」を転倒させて「C+V+S」にする語順転倒を倒置（inversion）といいます。英語は語順言語といわれており，原則的には「S+V」の語順を堅持しなくてはなりませんが，現実には倒置はいたる所で生じてきます。しかし，聞き手や読者が内容を取り違えない範囲において倒置表現を用いなくてはなりません。

例えば

The dog killed *the cat*.

は「その犬はその猫を殺した」とも「その猫はその犬を殺した」とも解釈は可能ですが、ふつう英語では前者の解釈をします。なぜなら、英語では「S+V+O」の語順が一般的であり、「O+V+S」の語順は特殊な場合にしか生じないからです。日本語では「その犬を殺したんだ、その猫が」が可能であり、ドイツ語でも

Den Hund tötete die Katze.（デン フント テェーテテ ディー カッツェ）（その犬を殺した、猫が）

のように「犬」を文頭に出しても、格が英語より多いので目的格として表わすことが可能なのです。

最後に倒置のよい例をイソップ物語から引用しておきましょう。

By the roadside *stood a block of stone* on which *was carved the image* of a man throttling a lion.（ハンドフォード〈S. A. Handford〉訳：『イソップ物語』〈*Aesop's Fables*〉：パフィン・ブックス〈Puffin Books〉）（道端にひとかたまりの石があり、その石に人間がライオンを抑えつけている像が彫ってあった）

上の文は倒置でない文で表わすなら

A block of stone on which *the image* of a man

throttling a lion *was carved stood* by the roadside.

になります。二度の倒置ともに,「頭でっかち」を避けるための工夫なのです。

第2章
「時は金なり」とはいうものの

1 「時」は動く

時を表わす言葉の変身

ここでは「時」を深く考えることにしましょう。
次の文でnowの性質をよく考えてください。

（1） *Now* is the time to go to bed.（今はもう寝る時間です）
（2） He came *now*.（彼は今やって来た）
（3） *Now* his father was dead, he succeeded to the house.（今や彼の父が死んだので，彼はその家を相続した）

それぞれnowを問題にしていることはおわかりでしょう。例文（1）のnowは主語になっているから名詞です。例文（2）のnowは「時」を表す副詞になっています。例文（3）はnowの後に主語と動詞がありますから接続詞に変化しています。そして，しばしば

now の後に that を伴うこともあります。

　念のため，さらにもう一つ例をあげましょう。

（1）*Once* is enough.（一度で十分だ）
（2）I have visited London *once*.（私はロンドンを一度訪ねたことがある）
（3）*Once* he met her, he fell in love with her.（ひとたび彼は彼女と会うと，すぐに恋におちた）

　once に関しても now とまったく同じことがいえます。例文（1）は名詞，例文（2）は副詞です。例文（3）は接続詞で，そうなると once のあとには that が入りそうなものですが，通例は入れません。しかし，入れても間違いではありません。

　以上のことから，賢明な読者は何かを理解できたと思います。英語の重要な法則が。

　そうです。**「時」を表わす now や once のような名詞は，移転を重ねて，名詞→副詞→接続詞への変化を遂げた**ことになります。最初に，名詞から副詞への変化が生じたわけです。このように副詞に変化したものを副詞的対格（adverbial accusative）といいますが，対格という呼称があまり一般的ではないので，副詞的目的格（adverbial objective）というほうが読者には理解しやすいかもしれません。そして，「時」を表わす副詞は，さらに，接続詞に変化することも多いのです。

方法を表わす表現も変身する

このような例を他にもあげますが，接続詞に変化した例のみをあげます。イタリックの部分がそれですが，元来は「時」を表わす名詞から副詞へ，さらに副詞から接続詞へ変化したものです。

Each time she failed in business, she tried it again. (彼女は事業に失敗するたびごとに，再びやってみた)

Every time he met me, he smiled. (彼は私に会うたびに，にっこり笑った)

The first time Louise thought she was dying, she called her children to the side of her hospital bed. (ルイーズは自分が死ぬなと初めて思った時に，彼女は自分の子供たちを病院の自分のベッドの脇に呼んだ)

The second time she thought she was dying, she didn't call them. (彼女が自分は死ぬなと二度目に思った時には，彼らを呼ばなかった)

He was in a hurry *the last time* that I saw him. (私が彼を見た最後の時に，彼は急いでいた)

The instant that he saw me, he smiled. (彼が私を見るとすぐに，にこっと笑った)

I knew him *the moment* that I saw him. (私は彼を見るとすぐに，彼だとわかった)

これだけ例をあげれば十分ではないでしょうか。上の例文で, each time, every time, the first time, the second time のそれぞれの後に that を加えても, また the last time that, the instant that, the moment that の that を省略してもかまいません。この that はそれぞれ when と同じ用法で関係副詞といわれるものです。

　しかし, このように「時」を表わす名詞が接続詞に転化する場合, すべてが上の例のように辞書に掲載されているとは限りません。もっとも, 上の例文でも the second time は辞書に掲載されていませんが, the first time, the last time の類推から, 当然理解できるでしょう。辞書に接続詞として載っていない例をあげておきます。

One morning when Leslie arrived at her office, she found that someone had placed a small wooden block with two brass balls on her desk.（シドニー・シェルダン〈Sidney Sheldon〉:『仕組まれた計画』〈*The Best Laid Plans*〉: ワーナー・ブックス〈Warner Books〉）
（レズリーが事務所に着いたある朝, 誰かが机の上に二つの真鍮の玉のついた小さな木塊を置いていたのがわかった）

　もちろん, 辞書には one morning が接続詞であるとは掲載されていません。しかし, 賢明な読者はもう,「時」から転じた接続詞であると理解できると思います。
　さらに「時」を示す名詞のみならず,「方法」を表わ

す名詞も同じ変化をします。

(1) He is rigid, but that is *the way* with him.（彼は厳格であるが，それが彼のやり方である）
(2) *The way* he cried.（彼の叫び方といったらなんてことだ）
(3) I don't like *the way* he did.（私は彼がやったやり方は好きではない）

例文（1）の the way は名詞です。例文（2）の the way は感嘆詞 how と同じ役割を果たしているから明らかに副詞です。例文（3）は接続詞になっています。したがって，the way は名詞→副詞→接続詞への変化が可能であることが理解できたでしょう。

さあ，これで英語の隠された法則がまたひとつ発見されました。**「時」や「方法」を表わす名詞あるいは名詞句は，副詞に変化し，さらに接続詞にかわることが可能である，と。**

2 「時」は金なり：時の二重表現は避ける

「時制の一致」は絶対ではない

前項で「時」を表わす名詞あるいは名詞句が副詞に変わり，さらに接続詞に変化する例を研究してきましたが，共通の事実が存在していることに気付きましたか。気付

かない人のために別の例文をあげます。

（1）He *had* no sooner *arrived* there than he lost his senses.（彼はそこへ到着するとすぐに気を失った）
（2）No sooner *had* he *arrived* there than he lost his senses.（彼はそこへ到着するとすぐに気を失った）
（3）As soon as he *arrived* there, he lost his senses.
（彼はそこへ到着するとすぐに気を失った）

例文（1）と例文（2）は例文（3）に比較すれば，やや堅苦しい文，つまり，文語文となります。例文（1）を倒置形にしたのが例文（2）です。

ここでは時制に注意してください。例文（1）と例文（2）では過去完了時制が使われています。主節の「気を失った」時制が過去時制であり，「到着した」時点は「気を失った」過去時制より以前に生じたのですから，過去時制の前の時制である過去完了時制になっているのです。まさに，学校文法通りの「時制の一致」を実行しています。

それに対して，例文（3）では「時制の一致」が行われていません。文法通りならば，

As soon as he *had arrived* there, he lost his senses.
でなくてはなりません。当然，この文も正しいのですが，ふつうは，例文（3）でいいのです。なぜでしょうか。

理解しやすくするために別の例をあげましょう。

（１）He left home after she *had arrived*.（彼は彼女が到着したあとで家を出た）

（２）He left home after she *arrived*.（彼は彼女が到着したあとで家を出た）

　学校文法通りの理論ならば、前者が正しいのは一目瞭然でしょう。しかし、後者も一般には使われるのです。その種明かしは、接続詞 after にあります。after は前置詞から転じた接続詞ですが、例文のように過去時制で使用されると、「到着したあとで家を出た」わけですから、「到着した」時点が「家を出た」時点より以前であることは明白です。あえて「到着した」時点のほうが時間的に古いことを二重に表現する必要はないのです。

　つまり、after はその語自体が「時」の前後関係をはっきり示しているのです。その結果、実際には例文（２）が多く使用されるのです。言葉とはそういうものでしょう。相手が理解できる限りにおいて、不要な冗語表現は避けるほうがいいのは当然でしょう。

　このように、「時」の前後関係を明示する接続詞は、他に before「…の前に」、when「…した時に」等があります。

　例文（３）であげた as soon as... も「時」の前後関係を明示する接続詞の一つであると考えられています。したがって、as soon as... 以下の時制が過去完了時制でな

く，過去時制になっているのです。

すでに気付いたことと思います。前項であげた「時」を表わす，名詞から副詞を経て接続詞に変化したすべての名詞あるいは名詞句

　now
　once
　each time
　every time
　the first time
　the second time
　the last time
　the instant
　the moment

は，「時」の前後関係を明示する接続詞扱いになっているので，主節の時制が過去の時，従属節中では過去完了時制を使用しないでいいのです。もちろん過去完了時制を使っても正しいのですが，それは地球資源の無駄遣いとなります。

言わなくてもわかることは言わない

この原理はさらに続きます。

今までは，接続詞そのものに時の前後関係を示す概念が含まれていましたが，他に動詞そのものに「時」が現われるケースもあります。

次の文を比較しましょう。

（1）The movie was not as interesting as *I had expected*.
（2）The movie was not as interesting as I *expected*.

　文法理論からすれば、「映画は面白いと期待していた」のは映画を見る前ですから、時制を考えれば過去完了を使用すべきでしょう。つまり、例文（1）が正しい文になります。しかし、実際には（2）の文が多く使用されます。なぜなら、動詞 expect の中に「過去にそう思っていた」という過去の意識が含まれているからです。

　上の文の as 以下を受動態にすることもできます。

The movie was not as interesting as *expected*.

　この文は上の文に比較すれば文語文です。この文の as expected を慣用句でなく関係代名詞を用いて書き換えると、次の二つの文が可能です。

（1）The movie was not as interesting as *had been expected*.
（2）The movie was not as interesting as *was expected*.

これらの文の as 以下を分詞構文にすると

（1）The movie was not as interesting as *having been expected*.
（2）The movie was not as interesting as *being expected*.

の文ですから，例文（2）は明らかに時制が一致しておりません。

しかし，expect は動詞自身の中に「現実に面白い事実」よりも以前に「面白いと考えていた」こと，つまり，過去の概念を包含しますので，過去完了にしないでよいのです。換言すれば，as expected には as had been expected と as was expected の両者の意味があるのです。

より具体的な例で，もう一度説明しましょう。次の文を単文に換えてみましょう。

I remember that I *saw* him somewhere. （私はどこかで彼に会った記憶がある）

読者の皆さんの解答は二通りになったと思います。

（1）I remember *having seen* him somewhere.
（2）I remember *seeing* him somewhere.

学校文法通りの正解は（1）です。しかし，現実の英

語では（2）がふつうです。元の文は主節の時制が remember で現在時制，従属節の時制が saw と過去時制ですから，単文に換えると，従属節の時制は現在完了時制 having seen であるべきです。つまり，（1）が正解です。しかし，現実には「記憶している」remember という動詞は「過去のこと」を表わしているのです。あえて「過去を記憶している」という必要はないでしょう。つまり，remember の語にすでに「過去」の意識が包含されているのです。そうなれば，having seen は無駄で，seeing で十分でしょう。あえて having seen を使用する時は「完了」の意味を強調する際に限られます。

同じ例に forget と try があります。

(1) Don't forget *to eat* lunch.（昼食を忘れずに食べてね）
(2) He forgets *eating* lunch.（彼は昼食を食べたのを忘れてる）

動詞 forget は不定詞と結合すると「未来」を表わし，動名詞と結合すると「過去」を表わします。例文（2）は

He forgets that he *ate* lunch.

の意味ですから，単文に換えるには

He forgets *having eaten* lunch.

であるべきところです。しかし，「忘れている」内容は

過去に決まっていますので、あえて完了の動名詞を使用しないのです。そして、

He forgets *eating* lunch.

を使うのです。文法的にはこれでよいのですが、内容的には気を付けてください。「昼食を食べたのを忘れている」ようでは、「健忘症」になってしまいます。ご注意を！

動詞 try に関しても同じことがいえます。

動詞に「過去」を明示する意味が含まれる時、目的語である動名詞はあえて過去を示す完了時制は不要です。

第3章
厚化粧・薄化粧

1 厚化粧は醜い

正しくても飾り過ぎはだめ

最近は男性も化粧をする時代です。特に，若い男性にとって，化粧は当たり前であるといわれます。

英語の文章においても化粧，つまり，飾りは当然のことでしょう。しかし，何事においても，過ぎたるは及ばざるが如しといいます。

次の文を考えましょう。

She is a woman *who is* named head of the *Acquired Immune Deficiency Syndrome* Council, *which is* a special group of doctors *and woman doctors who were* appointed by the government to study *acquired immune deficiency syndrome* and to find its cause.
（彼女は政府により後天性免疫不全症候群を研究するため，そして，その原因を究明するために任命された医者および女医のグループである後天性免疫不全症候群協議会の会長

に任命された女性である）

　英語の文としては，すべての点で正しいでしょう。しかし，この文は飾り過ぎです。こう書き直せばいかがでしょうか。

She is a woman named head of the AIDS Council, a special group of doctors appointed by the government to study AIDS and to find its cause.

　昨今では「エイズ」を「後天性免疫不全症候群」という人は少ないでしょう。「会長に任命された女性」も a woman named head で十分でしょう。ついでに述べておきますが，a man eating bread「パンを食べている男性」のように，名詞の後に過去分詞や現在分詞がくる場合には，その間に「関係代名詞＋be 動詞」が省略されているのです。a man *who is* eating bread のように。
　また，ウーマン・リブの運動の結果，言葉の上での男女差別をなくそうという動きも活発です。しかし，ここであえて doctors and woman doctors と言わなくても，女性からの抗議があるとは思えません。
　つまり，冒頭にあげた例文は，飾り過ぎの文章，いわば，厚化粧の文ということになります。

いろいろな厚化粧

他の例文をあげましょう。

When *he was* young, he was strong.（彼は若い頃は強かった）
Though *he was* thirsty, he could not drink water.（彼は喉が渇いてはいたが，水を飲むわけにはいかなかった）

これらの例文も厚化粧です。なぜなら，**副詞節において，自明の場合，「主語＋be 動詞」は省略可能**だからです。次のようにするのがよいでしょう。

When young, he was strong.
Though thirsty, he could not drink water.

さらに，厚化粧の例を続けます。次の文をみてください。

I don't know what to do.（私は何をすべきかわからない）
You should know how to do it.（君はそれをどのようにすべきか知らなくてはならない）

二つの文中の不定詞の用法は？と問いますと，大方の人は「疑問詞＋to 不定詞」の形を作る「to 不定詞」の

特別用法と答えます。「それでは，what to do や how to do it を句ではなく節の形に表現してください」と問いますと，決まってこういう解答になります。時間節約のため，前者の例だけ記述します。

（1）I don't know what *I should do*.
（2）I don't know what *I have to do*.
（3）I don't know what *I ought to do*.

例文（1）は論外です。日本語の意味だけ一致させているに過ぎません。例文（2）と（3）は一見「to 不定詞」を生かしているように見えますが，やはり誤りです。なぜなら，have や ought は勝手に省略することはできません。たまたま日本語での意味と同じですが，英語の表現としてはまったく別のものです。正しい解答は次の通りです。

I don't know what *I am* to do.
と
You should know how *you are* to do it.

つまり，「be 動詞＋to 不定詞」で「予定」「運命」「命令」「当然」「義務」「可能」「意志」等を表わすことになるのですから。しかし，このように**「疑問詞＋to 不定詞」では「主語＋be 動詞」は省略するのがよいのです。**

省略しないと飾り過ぎになります。

2 適度の化粧はいいものだ

省略のし過ぎ,でも現実に使われる文

　男性といえども，トゲトゲしい化粧でなければ許される時代です。特に，最近では色白の男性よりは少々色黒で精悍に見えるほうが女性にもてるとあって，日焼けしたように見せる化粧が流行っているそうです。
　次の例文を検討しましょう。

She was a doctor appointed by the government to study AIDS and to find its cause, *if possible.*（彼女は政府によりエイズの研究をし，さらに，可能ならば，その原因を究明するように任命された医者であった）

　if possible は if it is possible to find its cause の省略です。it は一般には前文，前節，後節等の内容を示すものです。
　OED には次の記述があります。

if possible = if it be (or were) possible, if it can (or could) be;（if possible は if it be possible あるいは if it were possible, または if it can be あるいは if it could be の省略形）

50

確かに，if possible は意味の上では if it be possible, if it were possible, if it can be, if it could be の省略形ではありますが，形態上は if it be possible, if it were possible はともかく if it can be, if it could be が省略できる形とは考えにくいのです。実際 *OED* にも省略しない用例を掲載していないのです。用例の最も古いものとして

1671 MILTON *Samson* 490 Let me here.. expiate, if possible, my crime.（1671　ミルトン　サムソン　490　ここで，もし可能ならば，私の罪を償わせてください）

があります。if possible はフランス語の si possible（シ ポシーブル）に相当しますが，同時にフランス語には if it is possible に相当する si c'est possible（シ セ ポシーブル）も存在します。ドイツ語では wenn möglich（ヴェン メクリッヒ）に相当しますので，どちらかというと，フランス語から直接 if possible の形式で英語に移入したと考えるのが自然でしょう。この点に関して，英語は省略のし過ぎ，つまり，化粧のし過ぎといえます。だからこそ，どんな辞書にも慣用句として掲載されているのです。

この点，次の例と同一視はできません。

The political leader faces the death penalty, *if convicted*.（その政治指導者は，もし有罪宣告を受けるな

らば，死刑に直面する）

なぜなら，if convicted は if he is convicted の省略形で，省略されているのは単に「主語＋be 動詞」に過ぎません。if he is convicted にすれば，逆に飾りすぎ，つまり冗語表現になってしまいます。

さらに省略のし過ぎの例を続けます。次の例文を参照してください。

Please lend me something *with which to write.*（お願いですから，何か書くものを貸してください）

文法規則からすれば，上の文は誤った文になります。なぜなら，関係代名詞が使用されているにもかかわらず，関係節が節の体裁をなしていないからです。本来は

Please lend me something *with which I am to write.*

でなくてはいけません。つまり，省略のし過ぎです。しかし，現実にこの種の英語が使われているので致し方ありません。かくして

Please lend me something *with which to write.*

が存在するのですが，ここで which は目的格ですから，さらに省略が可能です。省略すると，前置詞 with は後置されて，

Please lend me something *to write with*.

と見事な単文が完成します。英語は実に上手に作られた言語ですね。

whichと一緒にinまで省略

ところが皆さん！ そう感心ばかりしていられません。ある辞書に驚くべき記述があります。

This is a comfortable place to live *in*. ここは住むのに快適な場所だ(★|用法| in を略してもよい)(『新英和中辞典 第6版』研究社：live の項)

つまり，上の辞書の記述によれば，

This is a comfortable place *in which I am to live*.
This is a comfortable place *which I am to live*.

が同じであるという意味です。そんなはずがありません。「だから英語はでたらめだ」と考える読者も出てくるでしょう。お説ごもっともです。

しかし，この矛盾ですら，英語を歴史的に考えれば解決できるのです。繰り返しておきますが，

This is a comfortable place *in which I am to live*.

の文で,「主語＋be 動詞」が省略されて

This is a comfortable place *in which to live.*

となります。さらに,which は前置詞 in の目的語ですから省略可能で,その際 in は文末に置かれます。つまり,

This is a comfortable place *to live in.*

の完成です。しかし,この過程において,もしもですよ,もしも誤って which を省略する際に in も一緒に略したとしたらどうなりますか。

This is a comfortable place *to live.*

ができてしまいます。「そんなバカな！」とお思いでしょうが,本当の話です。読者はお考えになるでしょう。「which の代わりに in which の省略だなんて,ありえない」と。しかし,「事実は小説より奇なり」なのです。文末の in の省略形は,正式の用法ではなく,口語あるいは略式用法ではありますが。

かくして,先にあげた

Please lend me something *to write with.*

は

Please lend me something *to write.*

でも可能であるという結論に達します。

しかし,著者はまだ読者が心のどこかで,上の記述を疑っているのではないかと懸念しております。

それでは,決定的な証拠をお見せいたしましょう。

And all men declaimed against it as a breach of the

Kings Oath at his accession to the Government, for the preserving the Church and the Laws in the same state *he found them*. (＝in which he found them):（教会と法をその時あったままの姿にしておくという，即位した際の王の誓いに背くと，誰もがそれを非難した）——Temple, Obs. Neth., [I.] (24). A（ヴィルヘルム・フランツ〈Wilhelm Franz〉：『初期近代英語の研究』〈*Zur Syntax des Älteren Neuenglisch*〉：南雲堂）

　上の文の最後のイタリックの部分を見てください。which のみならず in まで省略されております。すなわち，**近代英語の初期の時代には，くだけた文体では，関係代名詞とともに前置詞まで省略されることもあった**のです。この時期はまた，アメリカへの移民が盛んになる時代でもありました。移民の社会的階層を考慮すると，アメリカ英語にこの特徴が多く残されていることは想像に難くないでしょう。

文脈でわかれば省略の対象

　ここまでは単独の文中で適度な化粧を楽しんできましたが，これからは周囲の状況の中で楽しむことにしましょう。そうです，文法用語を用いるなら，文脈（context）の中で考えることになります。

　まず，次の対話を考えましょう。

A : I have nothing to do next Saturday.
B : *Why don't you* come and see me?
（A：来週の土曜日はすることがないのさ。
 B：僕に会いに来ないかい。）

Why don't you...? は口語で「勧誘」「提案」を表わし，「…してはどうだい」「…しませんか」の意味です。さらに，これを短く表現することもできます。

Why not come and see me?

と。つまり，主語と助動詞が省略されています。いわば

Please come and see me.

にごく近い意味になりますね。丁寧な命令文ですから，この場合も主語が略されています。

さらに，Why not...? は「相手の提案に対する同意」を示し，「そうしよう」「いいでしょう」の意味にもなります。例で示しましょう。

A : Let's go hiking next Sunday?
B : *Why not*?
（A：来週の日曜日，ハイキングへ行こうよ。
 B：いいね）

上で，Why not? は Why shan't we go hiking? の省略であるのは当然ですが，主語も動詞もありません。前文あるいは周囲の状況があって，初めて文が可能になり

ます。蛇足ですが，ドイツ語では Warum nicht?(ヴァルム ニヒト)，フランス語では Pourquoi pas?(プルクァ パ) で，英語と同じく「主語＋動詞」が省略されています。

さらに，周囲の状況から，主語のみが略されることもあります。

He will come, *depend on* it.（彼はきっと来るよ）

これは，He will come. You can depend on it. と同じ意味になります。つまり，depend on it は文頭あるいは文尾において「大丈夫」「きっと」の意味になるのです。you can あるいは you may が略されたものと考えることができます。

さらに，興味ある表現として

Depends.（時と場合によるさ）

これは
It depends.（それは時と場合によるさ）
That depends.（それは時と場合によるさ）
All depends.（すべて時と場合によるさ）

の省略形ですが，それぞれの後に on the circumstances「状況による」, on the conditions「条件による」等が省略されていると考えるべきです。この表現はフランス語の

Cela dépand.
　　　スラ　デパン
　　Ça dépend.（Cela dépand.より口語的）
　　　サ　デパン

より生じたものでしょう。スペイン語では，英語と同じように主語を省いて

　　Depende.（場合によるさ）
　　　デパンデ

といいます。スペイン語では主語が明白である場合，主語を省略するのが一般的です。

第4章

彼女にはitがあり,英語にもitがある

1 彼女にはitがある:名詞のit

バカバカしい話を一つ。ひょっとすると,ある種のセクシャル・ハラスメントにならないことを祈りつつ。

ある時,いずれも20歳前後の女子留学生と日本人学生に質問したことがありました。「あなたは性的魅力(セックスアピール)があると言われたら,どういう感情を持ちますか」。

彼女たちは素直に答えてくれました。答えは以下です。

American Student : I am happy.
Chinese Student : I am angry.
Taiwanese Student : I am not angry but I feel a little
        bit embarrassed.
Japanese Student : It depends on who says it.
 (アメリカの学生:嬉しい
 中国の学生:腹が立つ
 台湾の学生:腹は立たないが,少し恥ずかしい

日本の学生：言う男性次第）

　各国の学生をステレオタイプ化したきらいはありますが，性の解放の度合をある程度示してはいないでしょうか。
「性的魅力」は英語で it といいます。

　That blonde has *it*.（あのブロンドの女性は性的魅力がある）

　この種の it は「何だか理解できない漠然としたもの」を指す非人称の it ではありません。つまり，代名詞の it ではなく名詞です。そういえば，かつての流行語に「彼女にはイットがある」というのがあったようです。岩波書店発行の『広辞苑』にも「イット」で「性的魅力」の意味が掲載されています。
　it は名詞として他にも用法があります。

（1） Bill is *it* now.（〈鬼ごっこで〉今度はビルが鬼だよ）
（2） Among mathematicians she is *it*.（数学者の中で彼女が第一人者だ）
（3） I made *it* with her.（俺は彼女とセックスをした）
（4） Eat *it*.（フェラチオをしてくれ）

だんだん品が落ちてきましたが，it はいずれも「漠然としたもの」を指しているのではありません。具体的なものを指しております。これはすべて普通名詞に属するものです。

2 代名詞の it は減少のイット（一途）

"I am cold." のできるまで

皆さんは学校文法の中で次の it の用法を覚えているでしょうか。

It is cold for me.（私には寒すぎる）
How is *it* going with you?（君の具合はどうかね）

この it の用法は「非人称の it」あるいは「状況の it」等と呼ばれていますが，そんな小難しい名称はどうでもいいのです。かつては英語のいたる所で用いられていた it の用法が大変革を遂げたことが理解できれば。そして，**it の用法は時代の変化とともに減少の一途をたどっている**ということがわかるならば。

まず

It is cold for me.

の文から入りましょう。

すでに第1章で簡単に触れておきましたが，ここでは少し詳しく述べることにします。

　英語は，今日のドイツ語の方言である低地ドイツ語（Low German）から発達した言語です。つまり，ゲルマン人の民族大移動とともに，イギリスに低地ドイツ語を中心とする言語が侵入したのです。この時代の英語は古期英語といわれております。

　例えば，今日の代名詞 I（主格）—my（所有格）—me（目的格）は，当時は ic（主格）—mīn（属格）—me あるいは mē（与格）—mec；me あるいは mē（対格）の四つの格に分かれていたのです。つまり，今日の間接目的格と直接目的格は別個のものだったのです。したがって，It is cold for me. は古期英語で表わすと

　Hit is me cald.

だったのです。hit（古期英語で現代英語の it）をなくすために me が前置されます。その結果

　Me is cald.

になります。これが，今日の英語方言に微かに残っている表現

　Me is cold.

です。目的格を主格として扱う用法はすでに見てきましたが，me が単独で主語として扱われる例は今日ではそれほど多くありません。ふつうは

　Me and you is going to get married.（コールドウェル〈E. Caldwell〉）（俺とおまえは結婚することになっている

のさ）

Him and me has been always fair.（コールドウェル）
（奴と俺はいつも公明正大さ）

のように使われるのです。しかし，目的格主語が単独で使用される場合が皆無というわけではありません。

They always preach against something, like hell and the devil. *Them is* things to be against.（コールドウェル）（連中はいつも地獄とか悪魔のようなものに反対して説教をする。そういうものは反対されるものさ）

上の例文の them がそれに相当します。

He is taller than *me*.（彼は私より背が高い）

における me も He is taller than *me* is tall. の目的格主語と考えられるでしょう。

いずれにせよ，*Me* is cold. が現われ，その後
I is cold.
に変化し，最終的に今日の
I am cold.
に到達したのです。

この理論をこじつけ，あるいは捏造だと思う読者がいるといけません。ドイツ語を使って証明しておきましょう。

「私は寒い」をドイツ語では

　Es ist mir kalt.（英語の *It* is me cold. に相当）
　エス イスト ミア カルト

といいます。英語と同様に it に相当する es は省く傾向にあります。その結果

　Mir ist kalt.（英語の *Me* is cold. に相当）
　ミア イスト カルト

が完成します。ドイツ語は英語に比較すれば、ある意味で英語の原始的状態を今日でも維持しているとも考えられるのです。

進行形や do, does は一時の流行や俗語だった

次に

How is *it* going with you?

について解説します。この文の訳を「ご機嫌いかがですか」としている辞書がありますが、間違いです。ですから、前出の箇所で「君の具合はどうかね」としておいたのです。

　そもそも英語に進行形はありませんでした。少なくとも進行形は古期英語や中期英語の時代には存在しませんでした。英語の親類であるオランダ語やドイツ語にも進行形はありません。フランス語にもありません。つまり、**進行形は突然変異の一種として生まれてきたのです。**

皆さんが飛行機で旅行をする時,必ず耳にする機内放送があります。例えば

We *will be arriving* at Narita Airport soon.（まもなく当機は成田空港へ到着いたします）

どういうわけか,必ずといっていいほど未来進行形が使用されています。
We *will arrive* at Narita Airport soon.
の未来形でいいはずなのに。前者のほうが迫力に富んでいるのかもしれません。それだけ現代にマッチしているのかもしれません。

進行形は近代英語のある時期に生まれ,その後,まるで疫病のように英語世界に広まっていったのです。一種の流行として始まった進行形は驚くべきスピードで英語の世界を席巻し,17世紀には一般化したのです。したがって,

How is *it* going with you?
の原形は
How goes *it* with you?
であることが理解できると思います。

こう書くと,読者の中には
How does *it* go with you?
ではないかと食い下がる人が出るかもしれません。しかし,これでいいのです。

近代英語でもシェークスピアの時代までは，疑問文や否定文でdoやdoesは用いなかったのです。doやdoesの用法は英語の俗語用法だったのです。今日でもドイツの北部方言では，無意味なdoやdoesに該当する語tunを疑問文・否定文・肯定文に使いますし，アイルランドやスコットランドの英語では，意味のないdoやdoesの用法が残っています。例えば，goの強調でもないのに

　I *do* go.（俺は行く）

のように言ったりします。これをperiphrastic 'do'「迂言的な 'do'」といいます。要するに，

　I go.（私は行く）

　I go not.（私は行かない）

　Go you?（あなたは行きますか）

に，言葉の遊びとしてdoやdoesをつけて

　I *do* go.

　I *do* not go.

　Do you go?

としたのです。それが，いつのまにか否定文や疑問文に正式用法としてつけるようになり，「肯定文につけると強調用法」という約束事も確立したのです。ですから，元々は，How goes it with you? が正しいのです。

　これに関しては，ふつうの辞書にも掲載されています。参考のために掲載例を示します。

第4章　彼女にはitがあり，英語にもitがある

goの項——自Ⅰ［行く］
5 [S] [SVM] a 〈事が〉(…に) **進行する**，**運ぶ**；…という結果になる（◆Mは様態の副詞（句））：How did the voting go? 選挙の結果はどうでしたか／Everything is go**i**ng well with our plan. 我々の計画は万事うまくいっている／How are things going? どんな具合ですか（＝How is it going?《略式》How goes it?). b《略式》〈事が〉成功する，うまくいく：make the party go パーティーを成功させる（『フレッシュジーニアス英和辞典　改訂版』大修館書店）

howの項　A［疑問詞］
2［状態を尋ねて］**どんな状態[具合]で**：*How* is she now? 彼女は今どんな具合ですか／"*How* are you ?"—"Fine(, thanks). And you?"「ご機嫌いかがですか」「(おかげさまで) 元気です。あなたは (いかがですか)？」／*How* goes it (with you)?＝*How* is it going (with you)?＝*How* are things going (with you)? どんな具合ですか，お変わりありませんか／*How* have you [things] been? (その後) いかがお過ごしですか（★|用法|　久しぶりに会った場合などのあいさつ）／*How's* your father? おとうさんはお元気ですか.（『新英和中辞典　第6版』研究社）

すでに述べたように，古期英語の時代には格が四つあ

り，you は eow でした。間接目的格も直接目的格も eow であったのです。つまり，

How goes *it* with you?

の文は

How goes *it* you?

だったのです。さて，例により it を省略する作業をしましょう。

How go *you*?

になります。その後，進行形が盛んになり

How *are you* going?

が生じ，やがて，going が省かれて

How are *you*?

の完成です。見事な展開ではないでしょうか。

そして，その結果，How goes it with you? とは似ても似つかぬ形になりました。しかし，読者には変化の過程が十分に理解できたと考えております。

他のヨーロッパ語には根強く残る非人称 it

今日では，元の形の文 How goes it with you? は非常に古い形，いや俗悪な表現になりはててしまいました。なぜですって？ 言語には寿命があります。使い古された言葉は俗語・卑語に成り下がることがあるのです。

例えば，江戸時代には「お前」は「御前」から生じた尊敬語でした。しかし，今日では侮蔑語になってしまっています。また「用足しをする場所」はかつては「便

所」といわれていましたが、今日では、非常に不潔なイメージになります。「お手洗い」に変化し、今では「トイレ」でしょうか。

ですから、How goes it with you? の訳は、決して「ご機嫌いかがですか」ではなく「どうでえ、ぐえいのほうは」くらいが適当なのです。

英語に最も近いオランダ語ではどうなっているでしょうか。

Hoe gaat *het* met u?
（フー ガート ヘット メット ユー）

となります。英語に直訳すると、How goes it with you? となり、まさに、英語の古い表現と同じです。

ドイツ語では

Wie geht *es* Ihnen?
（ヴィー ゲート エス イーネン）

で、英語に訳すと、How goes it (with) you? となり、英語でいう間接目的格を使用してはおりますが、やはり、英語の古い表現とほぼ同じになります。

以上は、英語と同じゲルマン語間での比較でしたが、ロマンス語ではどうでしょうか。代表例としてフランス語の表現を調べてみましょう。

英語の How are you? に相当するフランス語は、おなじみの

$\underset{\text{コ マ ン タ レ ヴ ー}}{\text{Comment allez-}vous}$?

です。おそらく耳にしたことのない読者はいないでしょう。

この表現は英語に直訳すると，How go you? になります。しかし，フランス語には別の表現もあります。口語表現ですが，

$\underset{\text{コ マ ン サ ヴァ}}{\text{Comment }ça\text{ va}}$?

です。英語の How goes *it*? に相当します。さらに省かれて，

$\underset{\text{サ ヴァ}}{\text{Ça va}}$?

となります。英語に直すと *It* goes? となります。

以上から理解される通り，ヨーロッパ言語には非人称の it の用法が今日でも根強く残っているのです。

3 目的語の it はイットウ(一等)注意

英語古来の it の用法

前項で述べた it は主格としての用法でした。ここでは目的格としての it を考えてみることにしましょう。

漠然の it が何を指すのかわからなくてもいいのです。いくら考えたところで所詮わかるはずがないのですから。とはいうものの，英語ではやたらに動詞の後に，つまり，目的語として it が現われてきます。例を多く引用しましょう。

If you come *it* over me, you are out.（お前が俺に生意気をすると首だぜ）

That's coming *it* a bit strong.（そいつはちょっと酷過ぎる）〈参考：go *it* strong, pitch *it* strong ともいう〉

He'll get *it* now.（今度は彼は御目玉を食うぞ）〈参考：get *it* hot あるいは catch *it* ともいう〉

I give *it* to him.（奴をやっつけてやる）

I'll go *it* alone.（一人でやるさ）

He did go *it*.（彼はやり過ぎだ）

I have *it*.（わかったぜ）

He has *it* hard.（奴はひどい暮らしをしている）

He has *it* in for her.（彼は彼女に悪意をもっている）

He made *it*.（彼は出世したぜ）

The plane made *it* in.（飛行機がうまく着陸した）

He sent *it* home.（彼は麻薬を注射した）

He shot *it* out with her.（彼は彼女とケリをつけた）

He always tell *it* like it is.（彼はいつもありのままを言う）

このくらい例をあげれば十分でしょう。以上のことから、ある法則を引き出すことができるのではないでしょうか。そうです。次の法則です。

「漠然の it, 状況の it は英語古来の用法である。この種の慣用句を作る動詞は、したがって、本来のゲルマン語から存在した基本的な get, give, have, make, send, tell 等の動詞に限られる」

と。さらに、もうひとつ法則が導かれるはずです。

「漠然の it, 状況の it は英語古来の用法である。この種の慣用句は、ほとんどの場合、口語表現・俗語表現として使用されている」

と。

それほど厳密ではなかった自動詞/他動詞の区別

さらに、上の慣用表現には驚くべき事実が隠されていることに気付きましたでしょうか。気付かなかった人のために、今一度抜き出してみます。

If you come *it* over me, you are out.

That's coming *it* a bit strong.

I'll go *it* alone.

He did go *it*.

の4例です。もう気付いたと思います。本来自動詞であるべき come と go が、目的語 it を取っているのです。今日の学校文法ではとうてい説明不可能な事実です。説明不可能な事柄だからこそ慣用句なのです。辞書でもゴ

シック体で書いてある由縁です。

しかし，こういう事実も本書では説明可能です。少し難しいかもしれませんので，理解できない人は一向に気にしないで結構です。

例えば，「この車は彼のです」を英語にします。

This auto belongs *to* him.

が正解です。ドイツ語では

Dieses Auto gehört *ihm*.
ディーゼス アウト ゲヘールト イーム

となります。動詞 gehören は与格（間接目的格に相当し，今日の「…に」に当たることはすでに述べました）支配の自動詞です。ドイツ語では対格（直接目的格に相当し，今日の「…を」に当たることもすでに述べました）を支配する動詞だけが他動詞扱いされるのです。ですから，与格支配の動詞は，今日では一般に名詞の前に to を付けますので，ドイツ語になかった to が英語では生きてくるのです。

しかし，格の概念が今日のように明確でなかった時代もあったはずです。つまり，to を使用しない時代もあったはずです。すなわち

This auto belongs *him*.

の時代が。事実，こういう時代がありました。*OED* から例を引いておきます。

1764 BRYDGES *Homer Travest.*(1797)I.128 Thy buxom wench .. Belongs a better man than thee.（お

前のような豊満な女は自分のものというより，いい男のものだぜ）

　もともと belong はロマンス語由来の語ですが，文法はゲルマン語に従っているのです。ちょうど日本がアメリカとの戦争に負けた結果，カタカナ文字が氾濫するようになりましたが，日本語の文法はまったく変化しなかった現象と同じです。いずれにせよ，元来自動詞であったものが突如他動詞に変わったり，逆に他動詞であったものが自動詞に変化する現象は，頻繁に起こっていたのです。

　極論すれば，**今日我々が英語を見る際にいつも考えている他動詞と自動詞の区別は，現代の文法規則が確立される以前には，それほど厳密ではなかった**ということになります。

　だからこそ，次のような文が許されているのでしょう。

I bus *it*.（私はバスで行く）
I taxi *it*.（私はタクシーで行く）
I lion *it*.（私はライオンに乗って行く）

　読者は呆気に取られているかもしれません。もちろん，最後の例は冗談として書いただけです。しかし，理論上は可能な文です。この it は「名詞を臨時動詞とした後で，無意味な形式上の目的語」といわれてます。他に

I king it.（私は王様のように振る舞う）
I lord it.（私は殿様顔をする）
の表現もあります。

いずれにせよ，このitの用法は口語であることはすでに述べました。昔から，毎日頻繁に使用されている間にすっかり口語用法になり，今日の文法規則に取り残されながらも，消滅せずに生き残っているのです。

前置詞の後にくるit

最後に，漠然のit，状況のitが前置詞の後に来る場合を調べることにしましょう。例をあげます。

Go to *it*!（全力でやれ！）
You have to go with *it*.（君は世の中の流れに身を任せなくてはだめだ）
You have an easy time of *it*.（君は安楽な暮らしをしているなあ）
He made a break for *it*.（彼は脱走を図った）
I called her up for the hell of *it*.（私は面白半分に彼女に電話をした）

これだけ例をあげれば十分だと思いますが，まだ用例不足と思う人は，前置詞のatやinを辞書で調べるとよいでしょう。例えば，inの項には次のような用例が掲載されてます。

be in *it*「(人が)ひどく困っている」
be not in *it*「(人)にはかなわない」「劣る」
There is not much in *it*.（大した違いはない）
What is in *it* for a person?（人にとって何の役に立つのか）

　前置詞の後にitが来ても同じことです。上のほとんどの例は口語・俗語に使用されます。そして，今日の英語では，例えば

I had a very good time (of *it*) last night.（昨日の晩はすごく楽しかった）

のように，of it が省略されても意味が変わらない場合には，前置詞とともに it を省く場合もあります。

第5章
再帰代名詞は再起代名詞 それとも再起不能代名詞?

1 再帰代名詞の七変化:再帰代名詞の変化の過程

例えば,

I enjoyed *myself* at the party last night. (昨晩のパーティーは楽しかった)

の文で, enjoy「…を楽しむ」は他動詞の用法しかありませんので, 目的語が必要となります。英語では, そんなとき「自分自身を楽しませる」と表現して, enjoy oneself の形をとります。この時, enjoy を再帰動詞, oneself を再帰代名詞と言います。

皆さんは次の文の相違が理解できますか。いずれも「私は建築に興味があります」の意味です。

(1) I *am interested* in architecture.
(2) I *interest myself* in architecture.

おそらく読者は，ふつうは例文（1）に慣れていると思います。もちろん，例文（2）でもかまわないのですが，何となく堅い文に思えるでしょう。その通りです。再帰代名詞を使用すると，どうしても堅苦しい感じがするのは否めません。

　この例文を他のヨーロッパ言語と比較してみましょう。意味はいずれも英文と同じになります。

イッヒ インテレジーレ ミッヒ フュア アルヒテクトゥール
Ich *interessiere mich* für Architektur.（ドイツ語）
ジュ マンテレッセ ア ラルヒテクトゥール
Je *m'intéresse* à l'architecture.（フランス語）
ジォ メ インテレッソ ポル ラ アルキテクテューラ
Yo *me intereso* por la arquitectura.（スペイン語）
イオ ミ インテレッサ ラルキテッツーラ
Io *mi interessa* l'architettura.（イタリア語）

　英語以外のヨーロッパ語に共通の事実は，いずれも英語でいう再帰動詞を使用し，かつ再帰代名詞を取っていることです。英語だけが特別に用法を変えつつあることが判明しました。

　これは英語の大きな特徴です。**再帰動詞を使わずに「be 動詞＋過去分詞」の形で過去分詞を形容詞化して，表現を優しくしている**のです。つまり，他動詞を自動詞化しているのです。

　このような形による再帰動詞の自動詞化の例は，英語では非常に多く見受けられます。例を示しておきましょう。

addict oneself to...→ be addicted to...「…の中毒になっている」
amuse oneself with...→be amused with...「…を楽しむ」
commit oneself to...→ be committed to...「…に専念する」
concern oneself for...→be concerned for...「…を心配する」
convince oneself of...→be convinced of...「…を確信する」
excuse oneself from...→be excused from...「…を辞退する」
persuade oneself of...→be persuaded of...「…を確信する」
satisfy oneself of...→ be satisfied of...「…を確信する」

さらに，次のものは「be＋過去分詞」の代わりに「be＋形容詞」の形を取っています。つまり，再帰動詞が動詞としての性質を失い，完全なる形容詞に転化してしまったのです。

absent oneself from...→be absent from...「…を欠席する」
content oneself with...→be content with...「…に満足

する」
pride oneself on...→be proud of...「…を誇りに思う」

次の例は，動詞が完全なる廃語になり，過去分詞形が形容詞としてのみ残っているものです。

be ashamed of...「…を恥ずかしいと思う」

元来は ashame oneself of...の形であったはずですが，動詞としての ashame の用法は現在では消えてしまったのです。*OED* によれば，動詞としての最終例は1826年で終了しています。

2 再帰代名詞の死亡通知：再帰動詞から自動詞へ

前項では再帰代名詞が形を変えて生き残っている例を紹介しましたが，ここでは完全に姿を消した例を考えましょう。

例として「私は気分が悪い」をヨーロッパの各言語にしましょう。

I *feel* sick.（ふつうの英語）
I *feel myself* sick.（堅い英語）
Ich *fühle mich* übel.（ドイツ語）
　イッヒ　フューレ　ミッヒ　ユーベル
Je *me sens* mal.（フランス語）
　ジュ　ム　サンマル

Yo *me siento* mal.（スペイン語）
（ヨ　メ　シエント　マル）
Io *mi sento* male.（イタリア語）
（イオ　ミ　セント　マーレ）

英語では，ふつう
I *feel* sick.
といいます。再帰代名詞を使わないのです。もちろん，再帰代名詞を使っても誤りではありませんが，再帰代名詞は消滅しております。

このように再帰代名詞が消滅して，他動詞が自動詞化した例をあげておきます。

dress oneself → dress「服を着る」
overeat oneself → overeat「食べ過ぎる」
oversleep oneself → oversleep「寝過ぎる」
shave oneself → shave「髭をそる」

すなわち，**再帰動詞は自動詞化する傾向が今日でも続いている**と考えられます。

第6章
「the 滅」と「不定冠死」：冠詞の不思議

1 「the 滅」の法則：the は減少の運命

多くのケースで the は省略可能

 本項のタイトルは「ジメツ（自滅）」の法則と読んでください。定冠詞 the の用法は英米人の間でも難しいのです。彼らの間でも用法に差があります。

 結論から申し上げますと，**英語の定冠詞は減少の一途をたどっています。冠詞が日本語のように皆無になるとは申しませんが，将来的には冠詞は極端に少なくなるであろうと思います**。現代はその過渡期であると言ったら言い過ぎかもしれませんが，その方向にあることは否めません。

 今日のドイツ語には，定冠詞は der, des, dem, den, die, der, das の7種類あります。フランス語にも le, la, les の3種類あります。英語の元になったといわれる低地ドイツ語には de と dat の2種類しかありません。英語と非常に似ています。現在のオランダ語では de と het の2種類しかありませんが，第2次世界大戦以前では，

de, des, den, der, het の 5 種類が用いられておりました。

皆さんがよく知っている地名 Den Haag の den は，その名残です。日本語では「デン・ハーグ」といわず，単に「ハーグ」といいます。オランダ西部の北海に面した町で，王宮，国際司法裁判所のある有名な町です。ですから，英語では The Hague と，固有名詞ではありますが the が付いているのです。

これだけの比較からして，the がいかに特殊か理解できたと思います。the は低地ドイツ語およびオランダ語の de の子音 d が th に変化したものです。

それでは，英語の the 遁滅の法則を見ていくことにしましょう。

He didn't come here *on grounds of* illness.（彼は病気のためにここへ来られなかった）

上の文で on grounds of illness は of illness で grounds を限定しているから, on the grounds of... と定冠詞 the が入らなくてはならないはずです。しかし，現実には the を省略して用います。of 以下を節にする場合も同様です。

He didn't come here *on (the) grounds that* he was ill.（彼は病気であるという理由でここへ来られなかった）

このように，限定化が行われる結果，本来ならば当然

the が伴うはずなのに the が省略可能な例をあげます。

  at (the) age of...「…歳の時に」
  in (the) course of time「そのうちに」「やがて」
  in (the) line of duty「職務中に」
  in (the) hope of...「…を希望して」
  in (the) hope that...「…を希望して」
  in (the) light of...「…に照らして」
  on (the) condition that...「…という条件で」
  on (the) suspicion of...「…の容疑で」
  on (the) top of...「…の上部に」
  (the) first thing「まず第一に」
  (the) last thing「最後に」
  under (the) pressure of hunger「飢えに迫られて」
  under (the) water「水中に」「浸水して」

the の完全消滅とフランス語の影響

次に the が完全に消滅した例をあげましょう。引用例は *OED* の Stead の項からです。

II.12.c...1558 *Cal. Anc. Rec. Dublin* (1889) 481 Mr. Thomas Fynen is elected Alderman in the styde of Mr. John Nangle.（トーマス・ファイネン氏はジョン・ナングル氏の代わりに市助役に選ばれた）

すなわち，今日の instead of...「…の代わりに」の原形は in the stead of... でした。上の1558年の例で *styde* の綴りは，現代の *stead* の古いものです。*OED* では Now somewhat *arch*.「今ではやや古風」と断わり書きをしながら，instead of... の前身である in the stead of... の最新の例として1839年のものをあげています。逆にいえば，19世紀の初めまでは in the stead of... がふつうだったということです。

そもそも stead はドイツ語の Stadt（シュタット）「市」，低地ドイツ語の Steed（ステード）「場所」，オランダ語の stede（ステーデ）「（古語用法）場所」と同語源の語です。古期英語でも「場所」の意味でした。in the stead of... の the が省かれて in stead of... になったのです。やがて in と stead が結合して instead of... の形になり，今日では the が存在していたことすら判別できなくなりました。

中期英語の時代になりますと，stead はフランス語由来の place や lieu に取って代わられることになります。in the place of...「…の代わりに」や in the lieu of...「…の代わりに」の発生です。もちろん，今日では in place of... と in lieu of... の形態になっています。例えば，in place of... を例にとりますと，*OED* の1793年の例では in the place of... の形，1844年の文例では in place of... の形，そして1885年の文例では再び in the place of... が現われます。そして，これを最後に，その後は in place of... です。つまり，in the place of... から in place of... に変化したの

は，そう古い時代のことではないことが判明しました。

　他の例をあげておきます。in view of...「…を考慮して」「…の点からみて」を考えましょう。原形は in the view of...でした。*OED* によりますと，in the view of... は初例は16世紀半ばであり，1634年には in view of...の形態が出現します。

　in honor of...「…に敬意を表して」も同じく in the honor of...における the の省略です。

　結論を述べましょう。本来は限定化のために the が付いていた句が，長い年月を経る間に完全に消滅し，今日では痕跡すら見えない場合もあります。

　さらに，元来は限定化のために the が付加されるべきところに付加されないことがあります。the が省略されたのではなく，最初から欠落している場合もあります。この現象はフランス語の影響によるものです。例示します。

　in case of...「…の場合には」「…に備えて」は in the case of...と初めに the が存在したのではありません。英語に入った時から in case of...だったのです。すなわち，フランス語から en cas de...（アン カ ドゥ）の形態で英語に入ってきたのです。例えば「事故の場合には」をフランス語では en cas d'accident（アン カ ダクシダン）（d'accident は de accident の短縮形です）といいますが，これがそのまま英語に入り in case of accident となったのです。in case of の後に来る名詞が無冠詞になるのがふつうなのもフランス語の影響によるものです。英語では in case of an accident ということ

もありますが, accident が数えられる名詞であるところから, この表現は英語らしさを出そうとするものです。

同じ例に in consideration of...「…を考慮して」があります。in case of...と同じように, フランス語の en con-sidération de...から, 英語に直接入った例です。
シデラシオン ドゥ
アン コン

英語の in search of...「…を捜して」「…を求めて」も同じです。フランス語の en cherche de...からの直輸入です。the が入る余地がなかったのです。
アン シェルシュ ドゥ

the がついているほど古い英語

さて, 次に進みましょう。例文を見てください。

You have to be more careful *in (the) future.*（これからはもっと注意しなくてはいけません）

英語では, in the future も in future も正しい表現です。少し込み入った話になりますが, 我慢して読んでください。

この違いに関して, 辞書に次の記述があります。

in (*the*) future 将来は, 今後《★|用法| in the future は特に in the past, in the present と対照的な意味を表わす時に用いる》(『新英和中辞典 第6版』研究社)

この記述はあまり役に立ちません。in the past「過去

には」, in the present「現在は」と対照になるのが in the future「将来は」であるといっているだけのことですから。今知りたいのは in the future と in future の相違なのです。

そこで，別の辞書を見ることにします。

in *the* future　未来［将来］に［は］（◆ in future は特に英国でもちいる）（『ランダムハウス英和大辞典　第2版』小学館）

これも読者には理解しにくいかもしれません。そもそも，名詞はヨーロッパの各言語では性を所有しております。当然文法上の性ですが，英語は早い時期に性を喪失しています。しかし，英語の原始的形態では，すべての名詞に性があったのです。その結果，定冠詞も性により変化したのです。現代英語では the しか存在しませんが。したがって今まで見てきた通り，the がついているのが古い英語なのです。

「将来は」「未来は」に相当するドイツ語は in(der) Zukunft といいます。最近のドイツ語では英語と同様に der（英語の the に相当）は省略することが多いのです。

フランス語では「将来」に相当する futur を用いて dans le futur（英語の in the future に相当）といいます。

すなわち，ドイツ語もフランス語も，英語の表現に直訳するならば，in the future となります。英語では the

が省略傾向にあるのですが，省略しない in the future のほうが in future より古い表現であることが理解できたと思います。そして，アメリカ英語とイギリス英語を比較すれば，アメリカ英語に古い体質が残っているのですから，アメリカ英語において in the future が多く使用される可能性は高いと考えてよいでしょう。

　他の例でも考えましょう。「夏に」は英語では in summer あるいは in the summer と表現します。the をつけると「特定の夏」を指すという考え方もあります。例えば，「2000年の夏に」が in the summer of 2000 のように。しかし，特定の夏でなくても the が付きます。なぜなら，ドイツ語で in dem Sommer（イン デム ゾマー）であり，フランス語でも l'été（レテ）で，季節にはすべて定冠詞が必要だからです。すなわち，英語では古ければ古いほど the がつく可能性は高くなります。したがって，イギリス英語と比較すれば，アメリカ英語において the がつく可能性は高いと言えます。

　結論が出ました。the がついている副詞句で the が省略可能な場合には，the がつく表現ほど古い英語である，と。

　では，なぜ the が消失したのでしょうか。ドイツ語の in dem Sommer（イン デム ゾマー）は短縮語を使うと im Sommer（イム ゾマー）です。つまり，im は in dem と同じですが，im の発音が in に近いことと，フランス語の l'été（レテ）は en été（アン エテ）と同義になります。en été（アン エテ）は英語にすれば in summer です。このような要素が絡みあって the が消失したのではないでしょうか。この推測は，あくまで著者の独断ではありますが。

定冠詞の有無と意味の違い

さて,今度は the のあるなしで意味が異なるケースを考えましょう。

「私は学校へ行きます」をヨーロッパ各語で表現します。

I go *to school*.(英語)
イックガー ナール スホール
Ik ga *naar school*.(オランダ語)
イック ゴー ツー デ スクール
Ick goh *to de School*.(低地ドイツ語)
イッヒ ゲーエ ツァ シューレ
Ich gehe *zur Schule*.(ドイツ語)
ジュ ヴェ ア レコル
Je vais *à l'école*.(フランス語)

上の場合の「学校へ行く」は「学校本来の目的,つまり,勉強しに行く」のであることは当然です。「勉強以外の目的で学校へ行く」場合には,英語では

I go *to the school*.

であることはすでに御承知のことです。

しかし,上の表現で興味あることに気付きませんでしょうか。英語とオランダ語だけに the に相当するものがありません。その他の言語には the 相当語があります。つまり,低地ドイツ語における to de は英語の to the,ドイツ語における zur は zu der の短縮形で英語の to the,フランス語における l'école は la école の短縮形であり,à l' は to the に相当します。つまり「目的は何であれ,学校へ行く」のは,go to the school なのです。

別の例を考えましょう。
「私は寝ることにします」を検討します。

I go *to bed*. (英語)
Ik ga *naar bed*. (オランダ語)
イックガー　ナール　ベット
Ick goh *to Bett*. (低地ドイツ語)
イック　ゴー　ツー　ベット
Ich gehe *zu Bett*.
イッヒ　ゲーエ　ツー　ベット

または
Ich gehe *ins Bett*. (ドイツ語)
イッヒ　ゲーエ　インス　ベット
Je vais *au lit*. (フランス語)
ジュ　ヴェ　オ　リ

ドイツ語では、英語に直訳した場合 go to bed, go into the bed となる二つの用法があり、フランス語では go to the bed の用法がある以外には、他の言語では定冠詞は使用されません。

さらに例を続けましょう。「私は船乗りになる」を各ヨーロッパ言語にします。

I go *to sea*. (英語)
Ik ga *naar zee*. (オランダ語)
イックガー　ナール　ゼー
Ick goh *to See*. (低地ドイツ語)
イック　ゴー　ツー　ゼー
Ich gehe *zur See*. (ドイツ語)
イッヒ　ゲーエ　ツァ　ゼー

面白いことにオランダ語では定冠詞 de がなくても「船乗りになる」と「海に行く」の両者の意味になりま

す。ドイツ語では「前置詞＋冠詞」の zur をとりますが，「海に行く」は Ich gehe an die See. といいます。
  イッヒ ゲーエ アン ディー ゼー

以上のことから考えると，「学校へ行く」「床に就く」「船乗りになる」等の比喩表現において，**定冠詞の欠落は英語に入る以前のオランダ語においてすでに始まっている**ことが判明しました。

しかし，例外もあります。「私は礼拝に行く」を各言語で表現します。

I go *to church*.（英語）
Ik ga *naar de kerk*.（オランダ語）
イック ガー ナール デ ケルク
Ich gehe *zur Kirche*.（ドイツ語）
イッヒ ゲーエ ツァ キルヒェ
Je vais *à l'église*.（フランス語）
ジュ ヴェ ア レグリーズ

オランダ語でも定冠詞 de をとります。英語のみが定冠詞 the を省きます。

このような理由から，読者は

You have to *go to hospital*.（君は病院へ行かなくてはならない）
You have to *go to the hospital*.（君は病院へ行かなくてはならない）

の違いが理解できるはずです。前者は「病院へ治療に行く」のであり，後者は「病院へ治療以外の目的で行く」

意味であることを。ところが，事はそう単純ではありません。アメリカ英語では両者はまったく同一の意味になります。そんなはずはない，と読者は立腹するかもしれませんが，事実です。**アメリカ英語では定冠詞の有無による意味の分化が完全には進んでいないのです。**

つまり，アメリカ英語では，後者も「病院へ治療に行く」のです。それだけアメリカ英語には古い体質が残っているわけです。

the を捨てて代名詞に走った英語

最後に，定冠詞 the が人称代名詞に変化した例を取り上げましょう。

What do you have *in your hand?*

中学生でも知っている文です。「君は手に何をもっているの」という意味ですね。たぶん皆さんは上の文に関して，何の疑問も感じないことでしょう。中学1年の頃から，この表現に馴れきっているのですから。

この文をヨーロッパ各言語に訳してみます。

Wat hebt u *in de hand?*（オランダ語）
ワット ヘブト ユー イン デ ハント

Wat hest du *in de Hand?*（低地ドイツ語）
ヴァット ヘスト ドゥ イン デ ハント

Was haben Sie *in der Hand?*（ドイツ語）
ヴァス ハーベン ジィ イン デア ハント

Qu'est-ce que vous avez *dans la main?*（フランス語）
ケ ス ク ヴ ザヴェ ダン ラ マン

フランス語も他のヨーロッパ言語にならうと

Qu'avez-vous dans la main?
<ruby>カ ヴェ ヴ ダン ラ マン</ruby>

ですが,一般にはこの表現を使用せず,上の例文のように表わします。英語に直訳すると

What is it that you have in the hand?

となりますが,内容的には他のヨーロッパ言語と同じです。

それ以外のヨーロッパ各言語を英語に直訳すると,すべて同じ英文になります。つまり,

What have you *in the hand*?

です。以前,**英語の do は一種の遊びとして使用されて**いたことを述べましたが,ここでもそのことが実証されました。ヨーロッパ言語には,疑問文を作る do に相当するものは存在しないのです。do を用いて今日の英語で表現すれば,

What do you have *in the hand*?

となります。さあ,

What do you have *in your hand*?

What do you have *in the hand*?

の両者を比較してください。明白な相違に気付いたことでしょう。そうです。今日の標準英語では in your hand といいますが,ヨーロッパ言語では,すべて in the hand です。なぜでしょうか。「君は手に」の「手」は「君の手」に決まっていますから,「手」は二度目に登場する「手」です。あえて your hand と言う必要はありません。the hand で十分です。

逆に考えると,

He has a book *in his hand.*（彼は手に本を持っている）の文では,「he という男性 A が本を持ってはいるのだが, その本は B という男性の手にある」と考えることも可能です。したがって, he と his が同一人物ならば

He has a book *in the hand.*

が正しい文ではないでしょうか。もちろん, 文というものは単独で使用される場合もありますが, ふつうは前後関係から理解されるので, 妙な解釈は生じ得ないとは思いますが。

ともかく, **英語だけが定冠詞を棄てて人称代名詞に代えてしまっています。**良く解釈すれば, 英語には人間的暖かさが滲み出ているとも考えられ, 悪く解釈すれば, I や you の自意識過剰ともみなされるのです。

しかし, 英語は一方で別の矛盾を抱えています。次の例文を参照しましょう。

I caught *him by the arm.*（私は彼の腕を攫んだ）

もちろん, この文は
I caught *his* arm.

の構文と並行して使用されますが、一般には前者の表現を多く使うといわれています。

　前者の the を学校文法では次のように説明します。「前者の構文の the は、何らかの意味で人間その他の身体の一部に触れることを表わす時に多く使用され、まず対象となる人間その他を出し、その後に前置詞を置き、さらに定冠詞の the、最後に身体あるいは衣服の部位を示す語が来る」と。この例を他にあげておきます。前置詞の相違に要注意です。

　I patted *him on the shoulder*.（私は彼の肩を叩いた）
　I kicked *him in the stomach*.（私は彼の腹を蹴った）

「叩く」「殴る」の際は前置詞は on、「蹴る」「食い入るように見る」場合には in が来るのが原則で、それ以外の前置詞は原則として取らないのです。前置詞が変化するだけで the は無変化です。

　しかし、読者は上の学校文法の説明で納得できるでしょうか。
　I caught him *by the arm*.
の the は二度目に出てくる「彼の腕」ですから the arm なのです。つまり、He has a book in the hand の the と同じ用法です。逆に
　I caught him *by his arm*.
とすると、「私は him という A 氏を his という B 氏の

腕を使って摑まえた」ことになってしまいます。すなわち，現代英語では

He has a book in the hand.

の文では二度目に登場する「彼の手」に対する the を人称代名詞の his に変えている一方で，

I caught him by the arm.

の文では，二度目の「彼の腕」に対する the を放置しているのです。

結論として，英語は矛盾した言語であることが理解できたと思います。論旨が一貫していないのですから。

hand in hand は何の略か

さらに，次の例文における慣用表現も，英語では分析可能です。

They are walking *hand in hand*.（彼らは手をつないで歩いている）

参考までに他のヨーロッパ言語で表現しましょう。

Sie gehen *Hand in Hand*.（彼らは手をつないで歩いている）（ドイツ語）
Ils marchent *la main dans la main*.（彼らは手をつないで歩いている）（フランス語）

英語のみ進行形を取っています。進行形に関しては以前に述べました。**進行形は英語だけの特徴で，ドイツ語とフランス語には存在しないことを。**

　ドイツ語では Hand in Hand と英語とまったく同じ形態を取ってはいますが，成立過程は異なっていたはずです。なぜなら,
Sie gehen *die Hand in der Hand*.
であったろうと推測できるからです。

　どうしてですって？　英語は人称代名詞を多く使用しますが，ヨーロッパ言語では，その代わりに定冠詞を使用することは述べました。フランス語もその形になっているのです。前出のフランス語の文を英語に直訳すると，
They go *the hand in the hand*.
になります。そうです。「手」をつなぐのは they ですが，ふつう男と女です。最近は同性同士も一般化しているようですが!?　その場合，英語以外は人称代名詞を用いません。なぜなら，「男の手」と「女の手」が二度目に出ているからです。

　英語では,
They are walking *hand in hand*.
は以下のように分析されます。

They are walking, *his hand being in her hand*.
あるいは
They are walking, *her hand being in his hand*.
　そうです。独立分詞構文です。his hand が先に来よ

うが後に来ようが、どちらでも構いません。お好きなように。男女の仲次第でしょうが、そんなことは当人同士に任せておきましょう。その際、from door to door「一軒ごとに」、step by step「一歩一歩」の例から理解できるように、名詞が対照関係にある場合は冠詞・人称代名詞は省略可能ですので、英語・ドイツ語では冠詞・人称代名詞が省かれます。さらに、分詞構文において、自明の際は being は省略可能です。かくして、

They are walking, *hand in hand*.

が成立しますが、hand in hand があえて独立した句になる必要もないことです。つまり、コンマは不要です。

その結果、

They are walking *hand in hand*.

が完成します。

結論を述べましょう。**英語以外のヨーロッパ語では冠詞が、英語ではその代用としての人称代名詞が、独立分詞構文では省略されて、慣用句として辞書に掲載されているのです。**

他の例をあげておきます。

He fell to the ground *bottom up*.（彼は真っ逆さまに地面に落ちた）

The two girls stood *side by side*.（二人の少女は並んで立っていた）

He fell to the ground *upside down*.（彼は真っ逆さまに

地面に落ちた）

　以上，英語における the から人称代名詞への変化の過程を見てきました。しかし，変化の過程の途上にある場合も目につきます。

There was *a lump in his throat* when he drove away from his old house.（彼が昔の自分の家から車で立ち去ろうとした時，胸にぐっとつかえるものがあった）

　上の文の a lump in *one's* throat「ぐっと胸につかえるもの」は a lump in *the* throat でもいいのです。つまり，the から人称代名詞への変化が未完成の状態といえます。このような例をあげておきます。

get in on *the* [*one's*] act「真似する」「一口乗る」
up to *the* [*one's*] eye's「仕事に没頭して」
rub salt into *the* [*one's*] wounds「人の恥辱をいっそう募らせる」

2 不定冠死の法則：不定冠詞も減少の運命

消える a, もともとつかない a

　前項で，英語の定冠詞 the は他のヨーロッパ言語に比較して使用頻度が少なくなりつつある現象を見てきまし

た。不定冠詞の a および an についても同じことがいえます。この現象を「不定冠死の法則」とでも言っておきます。

そもそも，日本語には冠詞がありません。したがって，我々が冠詞になじみがないのは致し方ありません。

英語では不定冠詞は，数えられる名詞（countable noun）に付けることになっています。しかし，同じ名詞でも，時と場合により数えられたり，数えられなかったりします。つまり，悪く言えば，ご都合主義ということになります。例をあげます。

（1）*Necessity* is the mother of *invention*.（必要は発明の母）
（2）These goods are daily *necessities*.（これらの品は必需品です）
（3）Computers are *a* useful *invention*.（コンピュータは有用な発明品です）

例文（1）の necessity, invention はともに抽象名詞（abstract noun）で数えられない名詞です。例文（2）および例文（3）の necessities, an invention は普通名詞（common noun）に転化して数えられる名詞になり，それぞれ複数形になったり，an がついたりしています。このくらいのことは読者は先刻ご承知のことでしょう。

次の例はどうでしょう。コーヒーショップに入り，コ

ーヒーを一杯注文するとします。

　"*A cup of coffee*, please."

と言って通じるでしょうか。もちろん，文法上は正しい文ですし，学校時代にこの表現を教えられてきました。でも実際には，この表現がなかなか通じなかったという笑い話があります。確かに発音が悪かったのかもしれません。「エーイ！　面倒！」とばかり，「河童の屁！」と早口で唱えたら a cup of coffee が出てきたという話です。ちょっとでき過ぎた話ではありますが。実際の英語では

　"*One coffee*, please."

で十分です。「コーヒー」は数えられない物質名詞（material noun）ですが，「コーヒー一杯」は通常は数えられる名詞扱いされるのです。学校文法では教えないかもしれません。だからといって，学校文法が役に立たないなんて言わないでください。知識の根元に a cup of coffee があって初めて one coffee が出てくるのですから。

　さて，今日において，不定冠詞 a や an は定冠詞と同じく省略される場合も多いのです。例をあげます。

　catch（a）cold「風邪をひく」
　fall（a）victim to...「…の犠牲になる」
　get in（a）line「一列に並ぶ」

make (an) answer「返事をする」
make (a) confession「白状する」
make (a) mock of...「…をあざ笑う」
make (a) nonsense of...「…をぶち壊す」
(a) part of...「…の一部分」
take (a) leave of absence「休暇をとる」
without (a) doubt「疑いもなく」
The Americans eat with (a) knife and fork.（アメリカ人はナイフとフォークで食べる）

　これだけ例をあげれば，英語において不定冠詞が減少傾向にあることは理解できると思います。もちろん，上の場合もaを入れると具体的になるという考え方もあるでしょう。しかし，現実にはほとんどaの存在は無視され得るのです。同時にこれだけではヨーロッパ言語との比較にはなりません。少し比較してみましょう。

I am *a student*.（私は学生です）（英語）
Ich bin *Student*.（私は学生です）（ドイツ語）
　イッヒ　ビン　シュトゥデント
Je suis étudiant.（私は学生です）（フランス語）
　ジュ　スュイ　エテュディアン

　上のドイツ語，フランス語を英語に直訳すると，いずれも
　I am *student*.
になり，不定冠詞aを必要としません。英語では

> We elected him *chairman*.（我々は彼を議長に選出した）

のように「役職」「官職」を表わす名詞を補語にとる際は，不定冠詞を省略するという文法規則がありますが，ドイツ語・フランス語では「職業」「身分」「役職」「官職」を示す名詞は無冠詞で表わします。英語が不定冠詞を余計に取る例です。

別の例をあげます。次の文は「私は友人として君にこのことを言います」の意味です。

> I tell you this *as a friend*.（英語）
> Ich sage es Ihnen *als Freund*.（ドイツ語）
> イッヒ ザーゲ エス イーネン アルス フロイント
> Je vous dis ça *comme ami*.（フランス語）
> ジュ ヴ ディ サ コ ム アミ

上のドイツ語，フランス語を英語に直訳すると，いずれも

> I tell you this *as friend*.

となり，不定冠詞 a を必要としません。英語だけが as 以下に不定冠詞を必要とします。

以上で，英語だけが不定冠詞を多く取ることが理解できたと思います。

しかし，初めから不定冠詞が欠落している場合もあります。すでに，定冠詞の項で述べたことではありますが，より詳しく考えることにしましょう。in case of accident に関して，この句がフランス語由来であることは

触れました。しかも，accidentは普通名詞であっても an をつけないのがふつうなのです。フランス語直輸入だからです。次の例もこれに属します。いずれも「ある種のショー」の意味です。

a type of show（英語）
eine Sorte (von) Schau（ドイツ語）
アイネ ゾルテ フォン シャウ
un genre de spectacle（フランス語）
アン ジャンル ドゥ スペクタクル
un tipo de espectáculo（スペイン語）
ウン ティーポ デ エスペクタクロ
un tipo di spettacolo（イタリア語）
ウン ティーポ ディ スペッタコロ

やはり，英語の a type of...「あるタイプの…のようなもの」，a sort of...「一種の…のようなもの」はロマンス語由来のものであるから，of...以下に来る名詞はふつう不定冠詞を付けません。

a が生じる例外

今までの流れと逆行するようで恐縮ですが，ヨーロッパ言語にはなかった a が英語に生まれる場合もあります。しかし，数の上からいえばごく少数です。

Allons à un disco *pour changer*.（フランス語）
アロン ア アン ディスコ プール シャンジェ
Let's go to a disco *for a change*.（英語）

上の文は「気分転換のためにディスコへ行こう」の意

味です。「気分転換のために」はフランス語で pour changer, 英語で for a change です。pour changer を英語に直訳すると for change で, 不定冠詞 a は入りません。

なぜ英語で a を入れる必要があるのでしょうか。pour changer の changer はフランス語で, 名詞ではなく動詞の不定形（英語の原形不定詞に相当する）です。つまり, changer は「変える」「両替する」「交換する」等の意味で, 名詞形は change「変化」「両替」等の意味です。フランス語では英語と異なり, 前置詞の後に動詞の原形が来てもいいのです。

英語では, 前置詞の後に動詞の原形がくることはありません。動詞を名詞化したもの, つまり, 動名詞か名詞が原則です。すなわち, 英語では for change の change が「動詞から転じた名詞ですよ」という意思表示のために a を挿入したと考えるべきでしょう。

第7章

「お気に召すまま」as you like と as you like it

1 as you like と as you like it の違い

さまざまな as

シェークスピアの芝居に『お気に召すまま』というのがあります。この英訳は "As You Like" でしょうか。それとも "As You Like It" でしょうか。この違いを研究するのが，本章の目的です。

答えは "As You Like It" が正解です。理由は次を読めばわかります。

次の英語を比較してください。

（1）Do such work *as you like*.（お気に召すまま，その仕事をやってください）
（2）Do the work, *as you like*.（お気に召すまま，その仕事をやってください）
（3）Do the work *as you like it*.（お気に召すまま，その仕事をやってください）
（4）Do the work *as you like*.（お気に召すまま，その

仕事をやってください）

　上の四例はあえて同じ訳をつけておきました。このasの相違がすんなり理解できれば，英語力は大したものです。
　例文（1）のasは関係代名詞です。関係代名詞asの制限用法は，such... as..., the same... as..., so... as..., as... as...のように必ず相関語句とともに用いるのです。例文をあげます。

　He is *such* a man *as* is always laughed at.（彼はいつも笑われるような人間だ）
　This is *the same* watch *as* I lost.（これは私がなくしたのと同じ時計だ）
　He is *as* brave a man *as* ever lived.（彼はまたとない勇敢な男だ）

　例文（2）のasも関係代名詞です。関係代名詞asの非制限用法は，前あるいは後にある節全体，あるいはその一部を先行詞とします。つまり，このasはdo the work，あるいはthe workを示しています。
　例文（3）のasは接続詞です。itはthe workあるいはdo the workを指しています。すなわち，asは二つの節を単に結合する役目を果たしているに過ぎません。
　例文（4）は現代英語としては，誤りの文です。as

は単独では関係代名詞になれません。仮に

   Do the work *which* you like.（お気に召している仕事を
   やってください）

と同じ意味なら，as と which の関係が as＝which になりますが，そんなことは不可能です。また，as を接続詞と解釈すると，主節と従属節の関係が明確ではありません。つまり，like は「何を好きなのか」という目的語を表示していないからです。すなわち，

   Do the work *as you like to die.*（君が死にたいように
   仕事をやってください）

   Do the work *as you like to make him die.*（君が彼を
   死なせたいように仕事をやってください）

のように勝手な解釈が可能になってしまうからです。つまり目的語が明示されていませんので，主語 you が何を like してもよいことになってしまいます。本当は as you like to do the work であるはずなのに。

しかし，現実にはこのような英語はどこにでもあります。これが英語の困ったところです。次の対話を考えてください。

"I am going to marry her in the near future."
"*As you like.*"
（「私は近い将来，彼女と結婚するよ」「勝手にどうぞ」）

後者の as you like「勝手にどうぞ」は内容的に「（彼

女との結婚を）勝手にどうぞ」なのです。それ以外のことを「勝手にどうぞ」ではないのです。つまり，対話の脈絡から as you like であり，厳密には as you like it つまり as you like to marry her in the near future なのです。ですから，何の脈絡もなしに as you like では意味をなさないのです。したがって，このような like は形式上は自動詞ですが，**実質的には前出の内容である目的語を含みますから「他動詞的自動詞」と呼ぶべきもの**です。ちょうど

I always *read*.（私はいつも読書をする）
I *write* my mother once a week.（私は週に一回母に手紙を書く）

における read や write と同じです。前者の read は「本を読む」意味であり，後者の write は「手紙を書く」の意味です。ともに目的語を包含しております。

文法違反があたりまえの as
　さらなる例をあげましょう。

He is honest *as you know*.（ご承知のように彼は正直である）

すでに理解できると思いますが，本当はこの文は誤り

です。正しくは

As you know, he is honest.
He is honest, *as you know*.

のどちらかでなくてはいけません。as は関係代名詞でなくてはならないからです。しかし，現実には as you like や as you know は，上の例のように，ふつうに使用されています。なぜでしょうか。これは as の特殊な歴史にあると言わざるを得ません。

ピーター・トラッジル（Peter Trudgill）は著書『社会言語学：入門編』〈*Sociolinguistics : an Introduction*〉：ペンギン・ブックス〈Penguin Books〉の中で，関係代名詞に関し「彼はビールが好きな男です」の表現として

He's a man who likes his beer.
He's a man that likes his beer.

は標準語法であると書いています。さらに，次の表現は方言であるとしながらもイギリス全土に存在すると述べています。

（1）He's a man *at* likes his beer.
（2）He's a man *as* likes his beer.
（3）He's a man *what* likes his beer.
（4）He's a man *he* likes his beer.
（5）He's a man likes his beer.

老婆心ながら，地域表現（方言）の諸々の形式について説明をしておきます。

　例文（１）の at は 'at とも表記され，正式表現では廃語になっています。that の短縮語で，北部方言としては14—15世紀に一般的でした。今日でも北部方言の話し言葉として残存していると *OED* に記述があります。

　例文（２）が今問題になっている as ですが，今日では方言の一つであることが判明しました。詳細は後述します。

　例文（３）の what も時折，方言あるいは卑語として今日でも使用されることがあります。そういえば，

Well, he gave me a wild rabbit *what* he'd caught, to keep with my tame one——and it's living.（ローレンス〈D. H. Laurence〉）（そうですね，私のところにいる慣れたウサギと一緒に飼うために，彼が捕まえた野生のウサギをくれた——それはまだ生きている）

のように which や that の代用としての what は案外使われています。ドイツ語では今日でも，先行詞が物の時に，関係代名詞 was（ヴァス）（英語の what に相当）を用いるのはふつうのことです。

　例文（４）は He's a man. と He likes his beer. の文を二つ並列したものです。この形態のものを並列または

並位（parataxis）と称します。第8章で詳しく扱いますが，重文（compound sentence）および複文（complex sentence）の最も原初的形態です。さらに，関係代名詞発生の原点です。つまり，a man の後の he を who に変えれば標準文になるのですから。

例文（5）は例文（4）の逆で，二つの並列した節の後者の節の主語を省略したものです。つまり，関係代名詞の主格の省略です。

> Here is a man likes his beer.（ビールを好きな男がここにいます）

のように，here is..., there is..., it is... で始まる文では関係代名詞の主格は省略していいことになっているのはご存じだろうと思います。この類推から主格が省略されたのでしょう。さらに，he＝a man の関係から，すでに同一の意味の語が二回出現しています。これに who を加えると重複感が生じると考えて主格を省略したのではないかと推測します。

以上，かなり話が横道に逸れましたが，上の
He is honest *as* you know.
の文の as は非標準用法であることが判明しました。この種の as は現実には我々の身の回りの至る所で発生しています。特に慣用用法として。例をあげましょう。

We cannot help doing that *as* things stand.（現状ではそうせざるを得ない）

前にも述べた通り as の前にコンマがあれば，あるいは as things stand が文頭にあれば，as は関係代名詞になるので，上の文は正しい文になります。しかし，このままでは文法規則に反します。このような例を他にあげましょう。

as follows「…は次の通り」
as is「現状のままで」「現品で」「正札通り」
as it is「現状で」「今のままでも」
as things are「現状では」
as regards...「…に関しては」「…の点では」

ペアの語が欠けて裸になった as

これほど多く as を単独で関係代名詞の制限用法として用いてきた理由は，確かに昔の用法として単独で制限用法が存在していたからです。この過程を歴史的に証明しましょう。

There was no need to ask her where she had got that colour : undoubtedly in heaven *as* she came through.（ウィリアム・ハドソン〈William H. Hudson〉）（彼女がその肌の色をどこで身につけたか問う必要

はなかった。彼女が通り抜けてきた天国であることは疑う余地がなかった）

But it's much *as* you would expect of a place.（ジョン・ウィンダム〈John Wyndham〉）（それはあなたがある場所に対して期待している通りのものだ）

両者の as はいずれも非標準用法あるいは俗語用法です。特に後者は

But it's as much as you would expect of a place.
であれば，as... as... の相関関係から標準用法といえるのですが。

つまり，as が単独で制限用法として使用されるようになった理由は，相関関係にあった as... as... の初めの as の欠落によるところから始まったと考えればよいでしょう。事実，その通りです。as を単独で関係代名詞の制限用法として用いる非標準用法は，歴史的には相関関係にあった such... as..., the same... as..., so... as..., as... as... の先行する対応語 such, the same, so, as が欠落してきた用法です。

その昔は相関関係が that... as..., those... as..., the... as... にまで及んでいたことが判明しています。その典型的な例をあげましょう。いずれも，既出のヴィルヘルム・フランツ著『初期近代英語の研究』（南雲堂）からの抜粋です。

we were going *that* way *as* you are going,（あなたの行かれるのと同じ道を私たちも参りました）——Bunyan, P. P. (58).

and chuse your forked stick to be of *that* bigness *as* may keep the fish or frog from pulling the forked stick under the water...（又木は魚や蛙に水中に引っぱり込まれないくらいの大きさにしなさい）——Walton, *C. A.* [VII.] (154)

　これで，当初にあげた例文
　（4）Do the work *as you like*.
の as は初期近代英語においては正しかったことが判明しました。the...as...と相関関係になっているのですから。
　さあ，長い間色々なことを述べましたが，これで理解できたと思います。シェークスピアの芝居のタイトルが"As You Like It"『お気に召すまま』でなくてはならない理由が。"As You Like" でないことを。英語はすべて「お気に召すまま」とはいかないものです。

2 as は忍者

さらに変化自在の as
　前項で as は文法的に相当勝手な役割を演じているこ

とが判明しました。まるで忍者のようです。前項の as が，江戸時代に幕府の鉄砲同心を務めた地侍の甲賀者（甲賀忍者）だとすれば，ここで述べる as は郷士出身の伊賀者（伊賀忍者）のような存在といえましょう。

英語の as は古期英語の alswa から発達したもので，ドイツ語の als（アルス）と同起源の語です。低地ドイツ語では，英語と同じ as（アス）で表わされます。どんな辞書でも結構ですから as の項を参照してください。慣用句が非常に目につくはずです。それを分析しましょう。

（1）as... as(...) can be「非常に…である」
You are *as* happy *as* happy *can be*.（君は非常に幸せだ）

この構文はしばしば頭韻（alliteration）を踏むことがあります。また一種の語呂合わせ的要素もありますが，本来は
　You are *as* happy *as can be* happy.（君は最高に幸せになれるくらいの幸せ者だ）
の倒置で，as は関係代名詞です。

（2）as good as...「…と同然だ」
The car is *as good as* new.（車は新車も同然だ）

この慣用表現は形容詞や動詞に先行して用いられ，good は「かなり」「相当」の意味で程度を示します。そ

117

して,

The car is *as good as* it is good new.（車は相当新しいと同じくらいだ）

の意味で, good は much に近い意味でしょう。つまり, as good as... は as much as... と同義になります。後者の as は単なる接続詞です。

The car is *as good as* is good new.

と考えれば, 後者の as は関係代名詞です。

（3）as... as any 「誰にも負けず劣らず」「どこにも負けず劣らず」

Hakone is *as* good a place *as any*.（箱根はどこにも負けず劣らずよい所だ）

この文は

Hakone is *as* good a place *as any* (place) is a good place.（箱根はどこぞの場所がよい場所であるのと同じくらいよい場所です）

と考えれば, 後の as は接続詞で

Hakone is *as* good a place *as any* (place) is.

と考えれば as は関係代名詞になります。

（4）as... as ever 「相変わらず」

He is *as* happy *as ever*.（彼は相変わらず幸せだ）

この文は

He is *as* happy *as* he is *ever* happy.（彼は今まで最高に幸せであるのと同様に幸せだ）

と考えれば後の as は接続詞で

He is *as* happy *as* is *ever* happy.

と考えれば as は関係代名詞になります。

as 慣用句成立のしくみ

以上のように as を含む慣用句はほとんどの場合，分析可能です。

しかし，中には as を含む各種の表現で辞書に掲載されていないものも多くあります。

Fuzzy logic *as used* in computers is somewhat similar to the way human beings work out problems.（デービッド・A・トローケロシュビリ〈David A. Trokeloshvili〉）（コンピュータに用いられているファジー理論は，人間が問題を解決する方法に少し似ている）

上の文の as used はどの辞書にも掲載されていません。元来，上の文は

Fuzzy logic, *as is used* in computers, is somewhat similar to the way human beings work out problems.

だったのです。当然 as は関係代名詞の非制限用法です。関係節 as is used in computers を分詞構文にします。

Fuzzy logic, *as being used* in computers, is somewhat similar to the way human beings work out problems.
になります。分詞 being は省略可能です。
Fuzzy logic, *as used* in computers, is somewhat similar to the way human beings work out problems.
になりますが，as used in computers は句ですから前後にコンマを入れる必要がなくなります。結局，原文が完成します。

このようにしてできた句は，他に

as shown「示されているように」
as compared with [to] ...「…と比べると」
as opposed to...「…と対照的に」「…と対立するものとして」
as usual「いつもの通り」
as before「以前の通り」
as below「下の通り」
as from...「…より」
as evidenced「明らかなように」
as expected「期待された通り」
as mentioned before「前に述べた通り」
as now「現在のように」

すべて同じ理屈です。辞書に出ているものもあれば，出ていないものもあります。しかし，これらはすべて上

に述べた過程を経てでき上がったものです。

　新たなる法則ができました。as... の慣用句は，元来 as is（are）... の形式で関係代名詞の非制限用法でした。それが分詞構文の形になり，さらに being が省略され，かつ，前後のコンマが削除され句になったのです。

忍者の面目躍如

　さらに，この応用を考えましょう。

（１）She went *so far as to* reproach him.（彼女は彼を非難することまでした）
（２）She went *so far as* reproach*ing* him.（彼女は彼を非難することまでした）

　いずれの用法も正しいのですが，例文（１）を用いて説明しましょう。
　She went *so far as she is to* reproach him.
と考えれば，後の as は接続詞となります。
　She went *so far as is to* reproach him.
と考えれば，as は関係代名詞になります。この文の as 以下の節を分詞構文にします。
　She went *so far as being to* reproach him.
being を省略すると例文（１）の完成です。
　もう一つだけ応用を考えましょう。

He went out *as* early *as* Sunday.（彼は早くも日曜日にでかけた）

元の文は以下です。
He went out *as early as went out* Sunday.
as 以下を分詞構文にします。
He went out *as early as going out* Sunday.
前の節と後の節を見ると，後の節の going out は前の節の went out と重複しています。重複している部分を省略しますと原文の完成です。なお，on Sunday の代わりに Sunday を用いるのは口語あるいは新聞英語などで頻繁に見かける現象です。

以上，as は忍者として面目躍如たるものがあります。これほど自由自在に活躍できる言葉を他に見つけるのは困難なくらいです。

第8章
コンマの恐怖

1 苦闘点(句読点)の種類

　日本語には句読点があります。文章の切れ目につける印です。句読点には句点と読点の二種類があります。句点は「。」で表示され，文の終止を示すものです。読点は「、」や「,」で表わし，文中の切れ目を示すものです。
　これと同じものが英語にもあります。英語では punctuation mark といいます。四種類あることは知っているでしょう。以下それぞれの種類とその特徴を述べましょう。
　(1) 終止符といわれているもので，「.」で表わし，アメリカ英語ではピリオド (period)，イギリス英語ではフルストップ (full stop) といいます。文と文を結合する役割を果たし，次に始まる文は大文字で書き始めます。
　(2) コロン (colon) と呼ばれるもので，「:」で示します。終止符に次ぐ切れ目で，ふつうコロンのあとは大文字で書き始めますが，個人の趣向で小文字で書き始める場合もあります。
　(3) セミコロン (semicolon) と呼ばれて「;」で表

わします。コロンに次ぐ切れ目で，コロンより前後の関係は濃いものになります。セミコロンを使用すると，その後は小文字で始めるのがふつうですが，文章を書く人の気持ちで大文字で始める場合もあります。セミコロンの使用は今日では減少しつつあるといわれています。ピリオド，コロン，コンマのいずれかに分類できる場合が多いからでしょう。

（4）コンマ（comma）と呼ばれ「,」で表わします。節と節，句と句，語と語等を結合するもので，コンマの前後における節・句・語の関係は四者の中で最も強いものです。コンマの後は，小文字で書き始めます。

　ピリオドの次に始める文は大文字で書き始め，コロンの次に書き始める節はふつう大文字で書き始め，セミコロンの次に始める節は時には大文字で書き始めることもありますので，コンマに比較すればその前後の関係は希薄になり，独立性が強いと考えられます。しかし，コンマでは前後の関係は上の三者とは異なるものとなります。以下コンマに的を絞り，その使用法がいかに複雑怪奇であるかを検討しましょう。読者はコンマの使い方に苦闘すると思います。

2 コンマ一つで文にあらず

接続詞は比較的新しい産物

　前にも少し触れましたが，英語では接続詞なしで節と節を二つ並べる構造は非文法文になります。この構造は並列あるいは並位（parataxis）と呼ばれています。
　例えば

　　Jack is young, John is old.（ジャックは若く，ジョンは年を取っている）

の文がこれに相当します。上の英語を文法的に正しい文にするには
　　Jack is young *and* John is old.（ジャックは若く，そしてジョンは年を取っている）
　　Jack is young *but* John is old.（ジャックは若いが，ジョンは年を取っている）
のように，接続詞 and や but のような等位接続詞（coordinate conjunction）を用いて重文（compound sentence）にするか，あるいは
　　Though Jack is young, John is old.（ジャックは若いが，ジョンは年を取っている）
　　Although Jack is young, John is old.（ジャックは若いが，ジョンは年を取っている）

のように，接続詞 though や although のような従位接続詞（subordinate conjunction）を用いて複文（complex sentence）にしなくてはなりません。

しかし，

Jack is young, John is old.

の文は

Jack is young. John is old.

とピリオドを使って二つの文にすれば，英語としては正しくなります。人間の耳から入る話し言葉では，コンマかピリオドの区別は不可能ですから，会話では

Jack is young, John is old.

の文も正しいものとなります。つまり，会話では「Jack is young ピリオド John is old」とは言いません。

そもそも，言葉というものの基本は話し言葉にあります。だからこそ，アイヌ語やエスキモー語のように書き言葉が存在しない言語もあるのです。

この観点から文章を考えると，接続詞の発達は言語の発生時点より，かなり後のことと推測できます。そして，接続詞の原初的形態は and や but のように基本的かつ簡単なものであったに相違ありません。事実，英語の先祖である低地ドイツ語では，標準ドイツ語や英語に存在する複雑な接続詞は，今日でも発達していません。

次の文を見てください。読者はどう考えるでしょうか。

Jack *and* John *and* Brown *and* Betty are all young.

（ジャックとジョンとブラウンとベティは皆若い）

おそらく，読者は上の文を非常に稚拙なものと考えて
Jack, John, Brown *and* Betty are all young.
と訂正するのではないでしょうか。しかし，低地ドイツ語では，前者のように名詞を並べる時はandに相当するunをひとつひとつの名詞の後につけて繰り返すことになっています。それだけ原始的ともいえるのです。

さらに，次の例を参照してください。いずれも「私は寝ないで，学校へ行った」の意味の文です。

I did *not* go to bed, *but* (I went) to school.（英語）
Ick güng *nich* to Bett, ik güng to School.（低地ドイツ語）
Ich ging *nicht* zu Bett, *sondern* (ich ging) zur Schule.（ドイツ語）

すなわち，英語のnot... but...「…ではなく…だ」は，ドイツ語のnicht...sondern...「…ではなく…だ」に対応するものですが，低地ドイツ語ではbutやsondernに相当する接続詞が欠落しています。つまり，英語に直訳すると
I went not to bed, I went to school.
となります。今日の英語にすれば，
I did not go to bed, I went to school.

となり，いずれにしても but はなくなります。まさに，英語の原初的形態と言えるのです。

かつてはコンマで文を羅列させていた

予備知識はこれくらいにして，コンマの本質に入りましょう。次の文を参照してください。

> You can see a house, *that* belongs to my uncle.（家が見えるね，あれは私の叔父のものだよ）

読者はすぐに答えるでしょう。上の文は誤りだと。その通りです。学校文法では，この文は誤りとされております。なぜなら，関係代名詞 that に非制限用法はありえないからです。すなわち，that の前にコンマを置くことはできないのです。
したがって
You can see a house *that* belongs to my uncle.
か
You can see a house, *which* belongs to my uncle.
のどちらかに変えなくてはなりません。つまり，that を使用するなら制限用法にし，非制限用法を用いるなら that を which に変えるべきです。

ところが，現実にこのような用法は，今日でも日常的に用いられています。なぜでしょうか。理由を考えましょう。

結論から申し上げることにします。

You can see a house, *that* belongs to my uncle.
の文は並列あるいは並位構造になっているから，非文法文なのです。つまり，

You can see a house.

That belongs to my uncle.
の二つの文を単に羅列した形態とみなされてしまうのです。すなわち，that は関係代名詞ではなく指示代名詞と考えられてしまうのです。指示代名詞ならば，並列あるいは並位構造を避けるために

You can see a house, *and that* belongs to my uncle.
の文にしなくてはなりません。

しかし，関係代名詞の非制限用法が，現実に今日まで根強く残っている原因は何でしょうか。先に述べましたように，英語の原初的存在であった低地ドイツ語にその原因があったことは確実です。**かつては文の羅列が認められていたのです。**しかし，18世紀になりドクター・ジョンソン（Dr. Johnson，本名 Samuel Johnson）をはじめとする先達によって**英文法の整備が進むにつれて，並列あるいは並位構造が非文法的であるとされるに至ったのです。**OED にも関係代名詞 that の非制限用法に関して次の説明があります。

Now only *poet.* or *rhet.*, the ordinary equivalents being *who* (obj. *whom*) of persons, and *which* of things.（今日では詩語あるいは修辞的用法のみで，ふつうは，人の場合には who（目的格では whom）そして物の場合には which である）

つまり，一般的には関係代名詞 that の非制限用法は避けることを推奨しています。そして，その最後の引用例を1884—94年にしています。

R. BRIDGES *Eros & Psyche* May 4 Lazy mists, that still Climb'd on the shadowy roots of every hill.（ぐずついている霞，依然すべての丘の暗い麓を昇っている）

したがって，読者も英語を書く際は，並列あるいは並位構造を避けるのが賢明でしょう。

3 コンマ一つで文になる

コンマの芸当

節と節の間にコンマがあるだけで，接続詞もないのに文が成立する場合もあります。本来なら並列あるいは並位構造ですので，避けるべきですが。

（1）*Let's face* it, he is not the kind of man who can attract such support.（事実をそのまま受け入れよう，だが彼はそのような支持勢力を引きつけるこ

とができるような種類の人間ではない)
（2）*Let's her say* what she likes, I don't care.（彼女が何と言おうと，私はかまわない)
（3）*Let me see*, how does the song go?（はてな，その歌詞はどうだったかな)
（4）*You see*, I've got to study for the test.（あのね，僕はテストのために勉強しなくちゃならないのさ)

　上の例文（1）～（3）はそれぞれ let を使用した命令文の形式をとりながら，要求・提案・勧誘・譲歩を表わし，接続詞なしのコンマだけで二つの節を結合しています。また，例文（4）は命令文でもないのに節を二つ羅列しています。いずれも決まりきった慣用方法といえばそれまでですが，並列あるいは並位構造であることに変わりはありません。それだけ，非文法的である並列あるいは並位構造が英語に浸透している証拠でもあります。
　他にもあります。

The sooner, the better.（早ければ早いほどよい)

この文は
The sooner you are, the better you will become.（君が来るのが早ければ早いほど，君は具合がよくなる)
や
The sooner it is, the better it will be.（早ければ早い

ほど，それはよくなる）

等の文を簡略化したものです。やはり，接続詞が欠落しています。後ろの the は better を修飾していると考えざるを得ないので副詞です。前の the も sooner を修飾していて副詞と考えられますが，それでは並列あるいは並位になってしまいます。そこで前の the には接続詞の役割をも持たせなくてはなりません。つまり，関係副詞と解釈させるのです。そうすれば，節の羅列という現象は避けることができます。

しかし，the に接続詞の役割を持たせるという考え方は少々無理があるかもしれません。ある種の並列あるいは並位構造と言われても致し方ないでしょう。

セミコロンの技

最後にセミコロンが接続詞の役割を果たしている例をお目にかけましょう。セミコロンが接続詞の働きをするのは当然のことです。なぜなら，コンマの場合には，後の節は小文字で始めますが，セミコロンでは後の節は大文字で始めてもよいのですから。しかし，その区別はそう簡単ではありません。

Behaviour does not only have to be appropriate to the individual, it also needs to be suitable for particular occasions and situations.（ピーター・トラッジル：『社会言語学：入門編』：ペンギン・ブックス）（行動と

は個人にふさわしくなくてはならないと同時に，特定の機会や状況にも似つかわしくなくてはならない）

この文は並列あるいは並位構造です。Behaviour...の節とit also...の節をコンマで結んでいるのですから。しかし，この現象がきわめてふつうに行われていることは実証してきました。ただし，くだけた文体あるいは話し言葉での場合でしたが。むしろ，上の文はコンマではなくセミコロンを使用すれば，文法的にも正しくなります。

Behaviour does not only have to be appropriate to the individual ; it also needs to be suitable for particular occasions and situations.

と。

この件についてもう少し詳しく述べましょう。

He was not only silly *but* also impudent.（彼は馬鹿げているのみならず厚かましくもあった）

の文で，動詞を入れて

He was not only silly *but* was also impudent.
とすると学校文法では正しいのですが，イギリス人やアメリカ人にはbutが冗長な感じを与えるというのです。さらに，sillyとimpudentは互いに強め合っているのに

but によって両者が対立関係にあるような感じになるというのです。ですから，非公式の文では

He was not only silly, he was also impudent.
が生じる余地が出てくるのです。しかし，これは並列あるいは並位構造ですので

He was not only silly ; he was also impudent.
とセミコロンを使用すると文法的にも正しくなります。

今まで述べてきた節と節をコンマで結ぶ構造は並列あるいは並位構造と言いますが，別名コンマ結合（comma splice）ともいいます。あるいはコンマ・フォールト（comma fault）ともいいます。コンマ・フォールトとはコンマによる誤った結合の意味です。このような構造をもつ文を無終止文（run-on sentence）と称します。

4 コンマなしでも文になる

今までは，二つの節を利用して文を作る場合，接続詞を利用する場合とコンマを利用する場合の両者を検討してきました。そして，コンマのみを利用する場合は非公式の文であることも判明しました。ここでは，どちらも使わない例を検討することにします。

Should he be given another chance, he would do his best.（もし彼がもう一度機会を与えられたら，最善を尽くすであろう）

この文は接続詞がなくコンマだけですから，一種の並列あるいは並位構造になっています。ただし前半部分 should he be given another chance は if の省略による倒置（inversion）であり，言外に if が存在すると考えれば，文法的に正しい文になります。
　しかし，古い英語では次の形式のものもあります。

He would do his best *should he be given another chance*.

　この文には，接続詞もコンマもありません。要するに if 節の if を省略して倒置にし，さらに後置しただけのことではありますが。イギリス英語では古い英語ですが，アメリカ英語では今日でも日常的に使われている文です。
　次はどうでしょう。

There was somebody *wanted* to see you.（あなたにお会いしたいという人が来ていました）

の文は，ご存じの通り，
　There was somebody *who wanted* to see you.
における関係代名詞の主格 who の省略です。there was... の節と somebody wanted... の節が，接続詞あるいはコンマなしで結合しております。読者の中には

there was... が節か？という疑問を抱く人がいるかもしれません。there is... の古い形は it is... であったといえば，この疑問は解決するでしょう。その証拠に thereof は of it であり，therein は in it です。

ピーター・トラッジルは前にあげた著書の中で，

It's a boy in my class *name* Joey.（私のクラスにはジョーイという名前の少年がいる）

を「黒人英語」として紹介しています。そもそも黒人英語とは奇妙な呼称です。アフリカから強制的に奴隷としてアメリカに連れてこられた黒人が始めから英語を知っていたはずはありません。黒人が話す英語は，当時は下品な俗語，あるいは白人がかつて話していた古い英語であったに相違ありません。上の英語が

It's a boy in my class *is named* Joey.

となれば，立派な「白人英語」になってしまいます。すると，前例文と同様に，接続詞あるいはコンマなしの文になります。

今日では，関係代名詞の主格の省略は，古い英語の名残ですが，これと同じ表現がアイルランド英語に残っています。今日の英語では，it is... 構文では関係代名詞の主格は省略可能という言い方をしますが，アイルランド英語では，文の前に it is を置くのです。つまり，

A boy in my class is named Joey.

の前に it is を置くのです。結果的には関係代名詞の主格の省略と同じ結果になります。

これで結論が出たと思います。

It's a boy in my class is named Joey.
の文は関係代名詞の主格省略というより，英語の古い俗語表現の名残であると。すなわち，単なる並列あるいは並位構造にすぎないと。

さらなる証拠をお見せいたしましょう。次の文を見てください。

Owen Kelsey *used to live* next door to us has emigrated.（ジェニー・チェシア〈Jenny Cheshire〉:『英語方言における変化』〈*Variation in an English dialect*〉: ケンブリッジ大学出版〈Cambridge University Press〉）（私たちの隣に住んでいたオーウェン・ケルシーは移住した）

本来なら，
Owen Kelsey *who used to live* next door to us has emigrated.
でなくてはいけません。前例の文は完全なる並列あるいは並位構造です。もちろん，今日ではロンドン近郊の方言にすぎないのですが，英語では昔は無差別に関係代名詞の主格は省略されていた事実を如実に物語っています。つまり，昔は並列あるいは並位構造など気にもかけなかったのです。それが今日でもアメリカ英語に多く残され

ているのです。

　皆さん，どうです。今日の英語の文構造は実に見事に組み立てられていると思いませんか。あらゆる可能性を残しつつ，かつ，規則性を有するように整理統合された姿，それが今日の英語です。恐れ入る他に手段はありません。参りました！　英語殿！

第9章
動詞はどうしよう(動詞様)もござらん

1 「go-go dancer」の go の法則：自動詞と他動詞の区別はつくか

「スピーク・ラーク」って何？

　私たち日本人が英文を読む時に必ず頭の中で考えることは，主語と動詞です。もちろんイギリス人やアメリカ人には，英語は自国語ですから，ほとんど何も考えずに内容は理解できるはずです。だが，私たちは外国人の悲しさで，理屈で英語を理解しようとします。主語はなんとか見つかります。次は動詞です。動詞が見つかると，まず考えることは自動詞か他動詞かという問題です。

　かつてタバコのコマーシャル放送に「スピーク・ラーク」というのがありました。この意味を理解できますか？　英語でいえば，"Speak LARK!" です。

　動詞 speak は，自動詞の用法が圧倒的です。

Will you *speak* more slowly?（もう少しゆっくり話してくださいませんか）

I *spoke to* her on the matter.（私はその件で彼女に話した）
He always *speaks of* his wife.（彼はいつも奥さんの話をしている）

読者がspeakの他動詞の用法を知っているのは，次の例でしょう。

Do you *speak* English?（あなたは英語を話しますか）
No one *spoke* a word.（誰も一言も話さなかった）

そうです。他動詞speakが目的語をとるのは目的語が「言語」「国語」「言葉」である場合がほとんどです。つまり，"Speak LARK!"は「（タバコ屋さんへ行ったら）ラークという言葉を話してください」の意味です。コマーシャルではなく「押し売り」の文句だったのです。意味の理解できない日本人が争うように「ラーク」を買い求めた馬鹿馬鹿しさが理解できましたでしょうか。そういう著者もその一人だったのですが。

このように，動詞の自動詞と他動詞の区別は案外難しいものです。

揺れ動くgoとcome

さて，それでは動詞goについて考えることにしましょう。皆さんが考えているgoの用法はほとんど自動詞としてであろうと推測いたします。しかし，他動詞の用

法がないわけではありません。手元にある辞書で確認してもらえばいいでしょう。

I can't *go* the noise.（私はその騒音に耐えられない）
I'll *go* ten dollars on the first race.（私は第1レースに10ドル賭ける）

以上は立派な他動詞の用法です。しかし、次の例はどうでしょうか。

（1）He *went* his way.（彼は出て行った）
（2）He *went* ten miles.（彼は10マイル進んだ）
（3）I'll *go* my own way.（私は自分の思う通りにやるさ）
（4）I *go* it alone.（私は一人でやるさ）

この例を見ると、読者は疑問を感じるのではないでしょうか。例文（1）〜（3）のようにgoの後にある名詞が「方法」「距離」「方向」を示す時は、名詞から副詞へ転じた副詞的目的格（adverbial objective）ではないのかと。

確かに、読者のお考えの通りです。各種の辞書も苦労しているようです。ある辞書は、例文（2）のgo ten miles「10マイル進む」を他動詞扱いしていますが、別の辞書は自動詞扱いしています。 go that way「あちら

へ行く」, go the other way「反対方向へ行く」は自動詞扱いしていますのに, go one's way は他動詞にしています。さらに, go all the way...「…までずっと行く」, go a long way「十分である」, go the way of...「…と同じ道をたどる」は慣用句扱いになり, 自動詞・他動詞の区別をぼかしています。

　一見支離滅裂のように見えますが, 実はこの現実から見事な法則が導かれます。「場所の移動」や「状態の変化」を表わす go や come は文法の整理・統合が始まる近代初期までは自動詞・他動詞の区別は今日ほど厳密ではなかったのです。つまり, go や come は「go-go dancer」のように行方が定まらず, 揺れ動いていたのです。逆説的な表現をすれば, 現代英語では自動詞や他動詞の区別をしすぎた結果, 上の表現はどちらにも帰属し得なくなり, 今日でもゴーゴーダンサーのようにその境界を彷徨っているのです。

2 「go-go dancer」は消えゆく運命：go や come は消えてくれ

　ゴーゴーダンサーの話をしましたが, 失礼をいたしました。若い読者はゴーゴーダンサーの意味を知らないかもしれません。それもそのはずです。1960年代の流行だったのですから。当時ゴーゴーダンスなるものが流行ったのです。go-go dancer とは, ナイトクラブやディス

コでソロを踊るダンサーのことです。その後日本でも大流行し,若者が腰をくねらせて踊ったものでした。しかし,今日では別の踊りに取って代わられたのです。まさに,goやcomeと同じ運命です。

次の例文を参照しましょう。

You *must* to school.（英語）
U *moet* naar school.（オランダ語）
Sie *müssen* zur Schule.（ドイツ語）

皆さんは上の英語を見たら,仰天するかもしれません。しかし,間違いとは言い切れないのです。現代英語では誤りかもしれませんが,17世紀後半から18世紀にかけて現代英語が確立される以前はふつうに使われていた標準表現だったのです。もちろん,上の表現は,いずれも以下のように変えることができます。「君は学校へ行かなくてならない」の意味です。

You *must go* to school.（英語）
U *moet* naar school *gaan*.（オランダ語）
Sie *müssen* zur Schule *gehen*.（ドイツ語）

もう理解できたと思います。「場所の移動」や「状態の変化」を表わす go, come, pass 等の動詞は意味の誤解が生じない限りにおいて,かつては省略できたのです。今日ではこの用法はすっかり消えてしまったのでしょうか。いえいえ,今日でも姿を変えて生き残っているので

す。

例文をいくつかあげましょう。

Please *let* him *by*.（どうぞ彼を通してください）
Please *let* the blinds *down*.（どうかブラインドを下ろしてください）
Please *let* me *in*.（どうぞ私を中に入れてください）
Please *let* me *off* at the next stop.（どうぞ次のバス停で私を下ろしてください）
She *let* him *out* by the door.（彼女は彼をドアから出した）

使役動詞 let は「目的語＋原形不定詞」の文型を取らなくてはなりません。つまり，上の例文すべては原形不定詞が不足しています。すべての文は go が省略されたのです。

Please *let* him *go by*.
Please *let* the blinds *go down*.
Please *let* me *go in*.

のように。

3 自動詞と他動詞の区別は重要かつ無駄

皆さんは自分が使用している英和辞典を信用していま

すか。多分信用していると思います。しかし、他の人が持っている辞書と比較したことがありますか。

辞書というのは、案外勝手なことを記述しているものです。しかし、皆さんが基本をしっかりと身に付けていれば、記述が異なっていてもいいのです。そんなケースをここでは紹介しましょう。

今、動詞 complain を問題にします。A・S・ホーンビー (A. S. Hornby) の辞書 *Oxford Advanced Learner's Dictionary of Current English* で complain の項を引きますと

She complained of his rudeness/that he had been rude to her.

の例文を掲載し、自動詞と書いてあります。つまり、

 (1) She *complained of* his rudeness.
 (2) She *complained that* he had been rude to her.

の両者における complain は自動詞であると主張しています。皆さん、納得できますか？　日本のほとんどの辞書では、例文 (1) は自動詞としながらも、例文 (2) は他動詞としています。こんな状況の辞書を信用してもよいでしょうか。

日本のほとんどの辞書は、例文 (2) の that 節以下を complain の目的節と解釈しているのです。しかし、

ホーンビーは例文（2）の that 以下を副詞節と解釈し，complain を修飾していると考えています。

　英語を日本語で考えても致し方のないことですが，理解を容易にするために訳してみると，例文（1）は「彼女は彼が自分に対して粗野であったことについて不満を感じていた」で，例文（2）は「彼女は彼が自分に対して粗野であったというように不満に考えていた」くらいの違いでしょう。しかし，本当は，例文（2）は次の構造なのです。

（2）She complained *(of it) that* he had been rude to her.

　つまり，it は前置詞 of の目的語であり，ここでは仮の目的語になっていて，真の目的語は that 以下なのです。

　結論が出ました。complain や insist のように**本来自動詞であったものが that 節を従えることがありますが，この構造は that 節の前に of it, about it, on it のように「前置詞＋仮の目的語 it」が省略されていると考えるべき**です。この「前置詞＋仮の目的語 it」が完全に消失したと考えれば，動詞は他動詞であり，意識の底に of it が残っていれば自動詞扱いされるのです。

　次の用例についても同じことが言えます。

（1）I *am afraid of* his coming.（私は彼の到来が恐怖である）
（2）I *am afraid that* he will come.（私は彼が来るのが怖い）

例文（2）の that 以下は，ふつう形容詞に続く that 節といわれていますが，本来は

I *am afraid (of it) that* he will come.
なのです。

次の例文はどうでしょうか。

（1）He *convinced* me *of* his innocence.（彼は私に自分の無実を確信させた）
（2）He *convinced* me *that* he was innocent.（彼は私に自分が無実であると確信させた）

例文（2）で動詞 convince は「目的語＋目的語」の二重目的語を取る動詞のように見えます。しかし，そうではありません。二重目的語を取る動詞は give「与える」, make「作る」, send「送る」のような，元来ドイツ語由来の動詞に決まっているのです。convince はラテン語由来の語です。したがって，例文（2）は

He *convinced* me *(of it) that* he was innocent.
と解釈すべきなのです。

すでに全容が把握できたと思います。次の文もすべて

括弧内の「前置詞+it」が省略されたのです。

> I *am aware (of it) that* he is making good use of his time.（彼が自分の時間を有効に使っていることに私は気付いている）
> I *am proud (of it) that* you became rich.（私は君が金持ちになったのを誇りに思っている）
> I *am worrying (about it) that* she might be late.（私は彼女が遅刻するのではないかと気にかけている）

結論をもう一度言いましょう。自動詞と他動詞は近代英語初期では，今日ほど厳しく区別されていなかったのです。

4 コロケーションは「collation+caution」の短縮形？

わけのわからないタイトルですね。コロケーション（collocation）とは，語と語が正しく結びついたもの，あるいは意味の上でまとまった語群のことをいいます。また，collationとは「対照」「校合＝原文と別の本の文とを照合し，相違を確認すること」のことです。奇妙なタイトルは「語と語の結び付きは，いろいろ対照し，その上で相違を研究する必要がある」という意味の駄洒落ですから，無視していただいて結構です。駄洒落にもな

っていないですが。

　最近の日本の若者の言葉は変化に富んでいます。いつの時代でも世の中を変える中心となるのは若者ですから，若者が言葉を変えていくのも当然です。しかし，変化のスピードについていくのが難しい昨今でもあります。

　その最大の特徴は「名詞＋する」の形式で，簡単に動詞を作り上げてしまうことです。例えば，「事故をおこす」ではなく「事故る」，「顧みない」ではなく「シカトする」といったところでしょうか。英語では，それぞれ，have an accident あるいは meet with an accident と neglect でしょう。日本語式に do を用いて do an accident, do neglect とは言わないのです。もっとも do neglect は動詞 neglect の強調としては使いますが。

　他にも例をあげましょう。solve a problem「問題を解く」，answer a question「問題に答える」とは言いますが，ふつうは solve a question, answer a problem という組み合わせは使いません。この組み合わせが皆無とは申しませんが。このような語と語の組み合わせがコロケーションです。

　もう少し do について検討しましょう。英語では，どういう時に do を使うのでしょうか。

do a job「仕事をする」
do business「商売をする」
do repairs「修理をする」

do research「研究をする」
do work「仕事をする」

等々，いろいろの表現をしますが，「自殺をする」はdo suicideではありません。英語ではcommit suicideと言います。suicideは西洋のキリスト教社会では犯罪です。接尾辞-cideは「殺し」「殺す人」の意味であり，patricide「父殺し」, insecticide「殺虫剤」, fratricide「兄弟殺し」, genocide「大量虐殺」から推測される通りです。つまり，「犯罪を犯す」意味のcommitを使用しなくてはなりません。

また，日本語では「ドゥ・スポーツ」と言いますが，英語ではplay sports あるいはtake part in sportsです。もっとも，イギリス英語ではhave sports あるいはdo sportsとも言いますが。

しかし，「料理をする」「洗濯をする」「皿洗いをする」「買い物をする」等の家事一般をする場合にはdoを使います。「料理をする」はdo the cookingです。ある会社が宣伝しているようなcook doとは決して言いません。

この表現は「する」に相当するフランス語のfaire（フェール）からの借用ではないでしょうか。do the cookingは，フランス語ではfaire la cuisine（フェール ラ キュイジーヌ）で英語表現と一致します。「洗濯をする」は英語でdo the washingですが，フランス語のfaire la lessive（フェール ラ レシーヴ）に一致します。「皿洗いをする」は英語でdo the dishesですが，フランス語ではfaire la（フェール ラ）

vaisselle で，英語に直訳すると do the dish です。複数と単数の相違はありますが，ほぼ一致します。「買い物をする」は英語では do the shopping ですが，フランス語では faire des courses です。英語に直訳すると do the courses ですが，courses には「買い物」の意味はありませんので，shopping に代えています。

以上，細部にはさまざまな相違はありますが，**大筋では英語とフランス語の関係が深いことが判明しました**。つまり，家事一般に関係する動作をする際は「do the ...ing」の形を用います。その変種として「do any [some] ...ing」を使うこともあります。

次に，「動詞＋前置詞」および「名詞＋前置詞」のコロケーションについて述べましょう。

（1）He *succeeded to* the throne.（彼は王位を継承した）
（2）His *succession to* the throne was surprising.
（彼の王位継承は驚くべきことであった）

例文（1）の succeed to... は「...を継承する」の意味で succeed は自動詞です。例文（2）では動詞 succeed は名詞 succession になっていますが，名詞に転化しても前置詞はそのまま生きて使われます。

次の例も同様です。

（1）It is good that he insists *on* his innocence.（彼

が自分の無実を主張するのはよいことである）
（2）His insistence *on* his innocence is good.（彼の無実の主張はよいことである）

　結論を述べましょう。**自動詞が名詞に変化したときに付随する前置詞は，原則として同一である。**

第10章
「不定詞＝(to不定詞＋原形不定詞)÷2」の法則

1 「意味上の主語」とは人間様だけ？

隠されている主語「人間」

　英語には準動詞（verbal）というものがあります。動詞から変化したもので，
（１）不定詞（infinitive）
（２）動名詞（gerund）
（３）分詞（participle）
の３種類あります。

　準動詞とは動詞に準ずるものという意味で，動詞の性質を持ちながらも，名詞・形容詞・副詞等の働きを兼ねています。

　ここでは，準動詞の意味上の主語について考えます。**すべての準動詞には意味上の主語がある**ということを覚えてください。「意味上の主語がある」とは「**動作を行うもの＝動作主が必ず存在する**」ということです。ごく当たり前の話ですが，この説明だけではまだ理解できない人がいるかもしれません。

例えば,「百聞は一見に如かず」という諺があります。英語では

Seeing is *believing*.

です。「見ることは信ずることである」の意味です。しかし, よく考えてみると, この言葉は必ずしも人間社会でない社会集団, 例えば虫の社会にも通じる言葉かもしれないのに, 我々人間は人間社会にしか当てはまらないと考えてしまっているのです。何たる傲慢でしょう。もしも, 人間社会のみに適用できる諺であるならば
Our seeing is *our believing*.
でなければいけません。もし, 犬の社会で通用している諺ならば

Dogs' seeing is *dogs' believing*.
でなければいけません。人間は何と勝手な生き物でしょう。動名詞の「意味上の主語」は, このように所有格を用いて表現するのが原則です。
「百聞は一見に如かず」の意味を不定詞を使って表現すると

To see is *to believe*.

になります。この英語も厳密な意味では誤りです。

For us to see is *for us to believe*.

でなくてはいけません。もし,「犬」の社会の出来事ならば

For dogs to see is *for dogs to believe.*

であるはずです。人間は万物の霊長であるという驕りから,十分な思考能力を有しているのは人間だけであると考え,あえて意味上の主語を表示する必要はないと思っているのです。その結果

To see is *to believe.*

が生じるのです。不定詞の意味上の主語は,一般に「for＋目的格」で表わすことになっています。

ただし,次の例文のように,単に目的格のみで示すこともあります。

I expect *you to go* there.（私は君がそこへ行ってくれればと願う）
I want *you to come.*（私は君に来てほしい）

以上二つの文での to go および to come の動作主は,いずれも目的格 you です。

しかし,中には誤った意味上の主語も英語には見受けられるのです。

（1）Mother might not like *for me to go*.（コールドウェル）（母は私が行くのを好まなかったのかもしれない）

（2）He wanted very much *for the buffalo to live*.（ブライアン・パットン〈Brian Patton〉）(彼は水牛が生き延びてほしいと切に思った)

両例文とも正しい文は次の通りです。
（1）Mother might not like *me to go*.
（2）He wanted very much *the buffalo to live*.

どうしてこのような誤りが生ずるのでしょうか。不定詞の意味上の主語の原則は「for＋目的格」であるところから、この気持ちが強すぎてforが入ってしまったのでしょう。この表現は一種の冗語用法（redundancy）ですが、アメリカ英語の口語では、かなり多く見つかる用法です。

自明な発話主体も省略される

さらに、不定詞には独立不定詞というものがあります。

To tell the truth, he is not a reliable friend.（本当のことを言うと、彼は頼りになる友達ではない）

この文は

If *I tell* the truth, he is not a reliable friend.（もし私が本当のことを言えば、彼は頼りになる友達ではない）

の意味ですから、本来は不定詞の句の部分は

For me to tell the truth, he is not a reliable friend. でなくてはいけません。しかし，あえて「私が本当のことを言えば」という必要もなく，話し手の言葉の中に for me が含まれていると解釈できます。そこで意味上の主語が省略されているのです。このような独立不定詞は他に次のようなものがあります。

to be frank with you「率直に言えば」
to begin with「まず始めに」
to do... justice「…に公平に言って」
to make matters worse「さらに悪いことに」
to say the least of it「ごく控えめに言って」
strange to say「妙な話であるが」
so to speak「いわば」

これはすべて，前に for me あるいは for us を補って考えればよいのです。
独立分詞構文に関しても，同じことがいえます。

Strictly *speaking*, this sentence is grammatically wrong.（厳密に言うと，この文は文法的には誤りである）

この文を分詞構文を用いずに，ふつうの節にすれば，

If *we speak* strictly, this sentence is grammatically

wrong.

となります。つまり，独立分詞構文 speaking の意味上の主語は my や our ですが，当然のこととして省略しているのです。

2 「to 不定詞≒原形不定詞」の法則

堂々と登場する裸の不定詞

読者はタイトルに仰天したと思います。そんな馬鹿な！とお考えでしょう。しかし，昔の英語では，to 不定詞も原形不定詞も大差はなかったのです。と申し上げても，まだ疑いを持っていることでしょう。

読者は次の文の相違が理解できますか。

All you have to do is *to study* English hard.
All you have to do is *study* English hard.

両者とも「君がすべきすべてのことは真面目に英語を勉強することである」の意味，つまり「君は真面目に英語を勉強だけしていればよい」ということですが，明確な相違は難しいのではないでしょうか。口語表現，あるいはアメリカ英語では後者，つまり原形不定詞を使った表現が多用されるのです。

この原形不定詞の用法について，文法学者は次のよう

に述べています。少々長くなりますが，引用しておきます。

> この語法の起源について——このいわゆる to の省略について Curme は *Syntax*, pp. 5-6 において，Shakespeare の用法，アイルランド英語の用法などをあげて，Bare Infinitive が歴史的に古いものであることを証明し，これらの形はおそらく *Kill or be killed, eat or be eaten*, was the law.——J. London（殺すか殺されるか，食うか食われるかがまちがいのないところであった）などの形が示すように，命令形と考えられるところの Bare Infinitive から起こったものではないかといっている。ただしこれは起源に関する説であって，All she has to do is *come* here.（あの人はここへ来さえすればよい）の come などは，命令法と直接関係があるとは考えられないと Curme は説明している。
> Jespersen [MEG V, p. 171] は，この形を do の影響としている。すなわち do の次に来る動詞は Bare Infinitive の形で現われる（I do go, I do not go など）ゆえ，All she has to do is *come* here. に to が不用になったと説いている。（要約）（豊田）「アメリカ英語とその文体」（井上義昌編：『詳解英文法辞典』：開拓社）

今日の英語では，主語に all「すべて」，the first

thing「最初の事」, the last thing「最後の事」等の限定要因とdoがあるときは, 補語に用いる不定詞のtoは省略してもいいことになっています。確かに, カーム (Curme) やイェスペルセン (Jespersen) の言う通り, この原形不定詞は非常に古い起源を持っていて, doとのかかわりが深いかもしれません。

しかし, イェスペルセンの主張するdoと原形不定詞との関連はそれほど強いとは考えられません。なぜなら, I do not go.の形は正式の英語としてはそう古い時代から存在していたわけではないのですから。シェークスピアの時代には少なくともI do not go.とは表現せずにI go not.と言っていたのです。しかし, 俗語用法としてはI do not go.も存在していたのですから, 全面的には否定できませんが。

I do not go.の形は今日の標準ドイツ語には存在しませんが, 英語の先祖である低地ドイツ語では古くから存在していたことはすでに述べたことです。

原形不定詞は伝統的用法

それにしても, カームやイェスペルセンの説明で, 読者は納得できたでしょうか。納得できない人のために, より簡単な事実を紹介しておきます。いわば,「隠れた法則」といってよいでしょう。

英語では, 主語, 目的語および補語に不定詞を用いる際, 今日ではto不定詞を使いますが, 昔は原形不定詞

でもよかったのです。

つまり，All you have to do is study English hard. の study は to study に比較して古い用法ですが，英語そのものに初めから存在していた特徴なのです。

その証拠は，今日の英語でも古くからの諺に残っています。

Better *bend* than *break*.（柳に雪折れなし＝折れるよりは曲がるほうがよい）
Better *stay* than *go* astray.（迷い込むよりこのままがよい）

この二つの文は，今日のふつうの表現にすれば

To bend is better than to break.
To stay is better than to go astray.

で，いずれも to 不定詞にすべきところです。

この原形不定詞を使用する性質は，決して英語だけに限られてはいません。ドイツ語では英語の古い表現とまったく同じことになります。具体的な例をあげておきましょう。

Für mich ist *leben*, dich *lieben*.（私にとって生きるということは，君を愛することである）

ドイツ語でも上の表現は古いものです。今日では，英語と同様に

Für mich ist zu leben, dich zu lieben.
_{フュア ミッヒ イスト ツー レーベン ディッヒ ツー リーベン}

と英語の to 不定詞に相当する zu 不定詞を使用します。参考までに，上の表現を英語に直訳しておきます。

For me is *live, love* you.（私にとって生きるということは，君を愛することである）

より理解しやすい語順にすると
Live for me is *love* you.
すなわち，今日の英語にすると
To live for me is *to love* you.
の意味になります。

フランス語でも，まったく同様です。フランス語では不定詞は動詞の原形そのものです。

Vouloir c'est *pouvoir*.（望め，それは与えられる＝為せば成る）
_{ヴロアール セ プヴォアール}

これを英語に直訳すれば

Want, it is *provide*.

となります。理解しやすく説明すれば，want＝it です。すなわち，二重主語になっていて，古い英語の形態を示しています。つまり，動詞の原形が名詞になっています。今日の英語でいえば，

To want is *to provide*.

になります。

英語の to 不定詞は，ドイツ語の zu 不定詞とともに，新しい表現であることが判明しました。

原形不定詞を従える go, come, help

このような観点から，英語における他の原形不定詞を考えてみると非常に興味あることが発見されます。

まず，動詞 go を考えましょう。次の英文を見たら読者はどう考えるでしょうか。「明日私は彼に会いに行きたい」の意味の文です。

I want *to go see* him tomorrow.

学校文法に慣れ親しんできた読者は驚嘆するかもしれません。一方，アメリカ英語に慣れてきた読者には何の違和感もないかもしれません。少なくとも，この英語は学校では教えないと思います。学校で扱う英語としては

I want *to go to see* him tomorrow.
I want *to go and see* him tomorrow.

です。そして，後者は会話表現であると教えられてきたはずです。しかし，現実の英語には

I want *to go see* him tomorrow.

の英語は存在します。そして，go see の形態を，辞書によっては go and see の and の省略と書いているケースもあります。とんでもない話です。こんな辞書は廃棄すべきです。

その理由を説明しましょう。まず，この表現をヨーロッパの各言語で書いてみます。

Ik mag hem morgen *gaan zien*. （オランダ語）
イックマーク ヘム モルヘン ガーン ジン

Ich möchte morgen ihn *sehen gehen*. （ドイツ語）
イッヒ メヒテ モルゲン イーン ゼーエン ゲーエン

Je voudrais *aller le voir* demain. （フランス語）
ジュ ヴドレ アレ ル ヴォアール ドゥマン

語順こそ異なりますが，オランダ語では gaan zien，ドイツ語では sehen gehen，フランス語では aller voir と英語の go see の形になっています。断じて go and see の形態になっている言語は存在しません。各言語の歴史始まって以来，and は挿入されていません。まったく逆の現象です。go see の形から新たに and を挿入したのです。

このように，**go や come は古期英語の時代から特殊な発達をとげ，原形不定詞と結合する性質を持っていた**のです。むしろ，今日の助動詞と同じ扱いをされていた

164

と考えるべきでしょう。

次に, help の用法を考えてみましょう。「彼は私が仕事をするのを手伝う」を各ヨーロッパ語で表現しましょう。

He helps me *to work*. (イギリス英語)
He helps me *work*. (アメリカ英語)
Hij helpt me *werken*. (オランダ語)
ヘイ ヘルプト メイ ウェルケン
He helpt mi *worken*. (低地ドイツ語)
ヘイ ヘルプト ミ ウォルケン
Er hilft mir *arbeiten*. (ドイツ語)
エア ヒルフト ミァ アルバイテン
Il m'aide à travailler. (フランス語)
イル メ デ ア トラヴァーイエ

フランス語では He helps me with my working. 式の表現になっていますので, ここでは除外して考えるべきでしょう。それ以外のゲルマン系の言語を考察しますと, 注目すべきことが判明します。つまり, to work 式の to 不定詞を取っているのはイギリス英語のみであり, 他のゲルマン系言語ではすべて原形不定詞を取っています。

原形不定詞を取るのは古い英語です。アメリカ英語は古い英語ですから, 原形不定詞を取っているのです。しかし, 今日の世界の現状を考慮するとき, すべての面においてアメリカが世界で指導的役割を果たしているのを無視することはできません。言語についても, 例外ではありません。その結果, 歴史とは逆に, イギリス英語はアメリカ英語の影響を受けざるを得ないのです。イギリ

ス英語も徐々にアメリカ英語の力に押され,原形不定詞をもう一度使い始めているのです。

この傾向は,目的語が消滅した文においても同じです。「彼は仕事の手伝いをする」を英語にすると以下のようになります。

He helps *to work*.（イギリス英語）
He helps *work*.（アメリカ英語）

原則通り,help の後に to 不定詞を用いるのはイギリス英語であり,原形不定詞を用いるのはアメリカ英語に多いのです。しかし,これもアメリカ英語の力強さに押され,イギリス英語でも原形不定詞を従える傾向は日に日に強くなっています。すなわち,動詞 help は元来,使役動詞と考えるべきものです。

使役動詞 let と make

さらに,原形不定詞を取る動詞に使役動詞があります。まず,let から始めます。

Let him *go*.（彼を行かせろ）

この用法は使役動詞 let のふつうの用法です。「let ＋目的語＋原形不定詞」の型になっています。ここでは help と同じように「＋原形不定詞」の型が可能かどう

かがポイントです。

　　let drive at...「…を狙って投げる」
　　let fall...「…を落とす」
　　let fly...「…を飛ばす」
　　let go of...「…を放つ」
　　let slip...「…を自由にしてやる」「…を逃す」

　この現象は主として，フランス語からの影響と考えられます。というのは，ドイツ語ではletはlassen（ラッセン）に相当しますが，ほとんどの場合「lassen＋直接目的語（対格）＋不定形（英語の原形不定詞）」の型しかとりません。それに対してフランス語では

　　laisser aller...（レセ ラ レ）「…をなるがままにしておく」
　　laisser faire...（レセ フェール）「…をさせておく」
　　laisser tomber...（レセ トンブ）「…を落とす」

のように，「＋不定詞（英語の原形不定詞）」が多く見受けられます。
　同じ種類の使役動詞makeに関しても同様のことが言えます。

　　make believe...「…と見せかける」
　　make do「間に合わす」

ドイツ語の glauben machen「…と見せかける」, フランス語の faire cuire「煮る」, faire frire「油で揚げる」等も, これに類する例です。

さあ, 結論がでました。英語は他のヨーロッパ言語と同様に, 今日の to 不定詞が用いられる場所に原形不定詞を自由に用いてきましたが, 文法体系が整備されるにつれて原形不定詞の使用が制限されてきました。しかし, 今日でもその痕跡はそこかしこに見受けられます。

3 「be+to 不定詞」＝アメーバの法則

だから英語はいいかげん?

不定詞が be 動詞と結合すると, 不定詞は奇妙な動きをすることになります。その様はまるでアメーバと同じです。瞬時にどんな意味合いにもなります。そんなわけで, これを「アメーバの法則」と呼びましょう。

例えば

He *is to meet* her next Sunday.（彼は次の日曜日に彼女と会う予定だ）

の文における「be+to 不定詞」は「予定」を表わしますが, その他の意味として「運命」「命令」「当然」「可能」「義務」「意志」その他なんでも可だというのです。

つまり,「be＋to 不定詞」は英語では万能ということになります。若者の表現を使うならば「こんなことってアリ？」でしょうか。

現代は複雑な時代です。学問の社会でも「複雑系」という言葉が流行っています。こんな時代にこのような曖昧さが許されるでしょうか。おそらくコンピュータは拒否反応を起こすはずです。読者もショックを受けたと思います。英語とは何といいかげんな言語であるかと。

確かに，英語はいいかげんなご都合主義的面がありますが，逆にそれがまた大きな魅力でもあります。このいいかげんさが世界の言語になり得た要素でもあります。

それにしても,「be＋to 不定詞」は何に由来し，どこへ進もうとしているのでしょうか。

フランス語には「be＋to 不定詞」の型はありません。したがって，これはゲルマン語独特の現象と推測してよいでしょう。

TO LET の謎

物理学のある有名な学者がこう言っているのを聞いたことがあります。「ロンドンというのは面白い町ですね。町の至る所がトイレなのですね。ビルの2階，3階ありとあらゆるところに"TOILET"と書いてありましたよ」と。この話は実話です。しかし，この有名な先生は綴字を見誤っていたのです。実際には"TOILET"ではなく"TO LET"だったのです。

TO LET はイギリス英語であり，アメリカ英語では FOR RENT が一般的です。TO LET は

This house *is to let*.（この家貸します）
This room *is to let*.（この部屋貸します）

の文を省略したコマーシャルなのです。しかし，現代の英語を考えるとき，この文言は正しい表現でしょうか。
This house *is to let*.
では「この家は貸します」の意味ではありますが，let は原則的には他動詞ですから，「貸される」対象，つまり目的語が必要になります。「この家が何かを貸す」なら，妖怪の世界に我々は住んでいることになります。そうではなく「この家は貸される」はずです。すなわち，
This house *is to be let*.
ではないでしょうか。

納得できない読者のために，別の例をあげましょう。

He *is to blame* for bribery.（彼は賄賂のゆえに非難されるべきだ）

これも同じことです。blame は他動詞ですから，
He *is to blame himself* for bribery.
と目的語を取るべきです。そうでなければ，
He *is to be blamed* for bribery.

と受動態にすべきです。

　この例は二つとも今日では慣用句として辞書に掲載されています。しかし，アメーバの法則を思い出してください。次の法則を確立することができるのです。

　古い英語では「be＋to 不定詞」で「可能」「当然」の意味を含む「受動」の意味が表現できたのですが，「be＋動詞の過去分詞」で「受動」が表わされるようになったので，例外を除いて「be＋to 不定詞」で「受動」を表わすことはなくなったのです。

　その例外に相当するのが，上の二つの例なのです。

　蛇足ながら「be＋動詞の過去分詞」の型で「受動」が明確に表わされるようになったのは14世紀頃からといわれています。

　以上の理由から

Not a soul *was to see* on the street.（通りには人っ子一人見られなかった）

とは表現せず

Not a soul *was to be seen* on the street.

というのです。

　先に述べましたように「be＋to 不定詞」の曖昧な表現は，今日のように厳密さを求める時代とは相容れない

はずです。その起源を考えると，非常に古いものですから，その点でも奇妙です。いわば，英語の化石とさえ言えるかもしれません。しかし，化石と言えども時代の変化に応じて姿を変えてきているのです。

第11章
alwaysの-sって何？：副詞の怖さ

1 Sundaysの-sの理解方法

もともと所有格からきた-s

副詞語尾-sをこの章では明確にしておきましょう。本来なら、タイトル通りalwaysを扱えばいいのですが、alwaysは元来はall wayがalwayの影響で合成要素として扱われた関係、つまり、2語からできているので少々複雑になります。ここでは、同じ起源のSundaysを例として考えることにします。

読者は次の二つの文の区別ができますか。ともに「彼は日曜日にはいつも来た」の意味です。

He came *on Sundays*.
He came *Sundays*.

意味の上では、on SundaysもSundaysも同じです。しかし、内容的には両者はまったく異なります。前者のon Sundaysは2語で副詞の役割を果たしています。つ

まり，SundaysはSundayの複数形です。一方，後者のSundaysは名詞Sundayの属格（genitive）で今日の所有格に相当するものです。ドイツ語のSonntag（ゾンタク），オランダ語のzontag（ゾンタク）に当たります。

余計な話ですが，zontagが，江戸時代に日本に入ると「ドンタク」になったのを知っていましたか。仮名垣魯文の滑稽本『安愚楽鍋』の一節にありました。「一六のドンタクに」というのが。そうです。毎年5月3日および4日に行われる博多の港祭「博多どんたく」は「博多の日曜日」というオランダ語だったのです。また，土曜日を「半ドン」といいますが，この意味は「半分日曜日」の意味になります。

話がそれてしまいましたが，ドイツ語のSonntagの単数の格変化を書いておきます。属格の-sに要注意です。

主格　der Sonntag「日曜日は」
属格　des Sonntags「日曜日の」
与格　dem Sonntag「日曜日に」
対格　den Sonntag「日曜日を」

上の変化の属格des Sonntagsのdesが消滅した形が英語になるとSundaysになります。何か騙されたと思う読者もいるでしょう。次の例を見れば理解できると思います。

同じように，ドイツ語のder Morgen（デァ モルゲン）「朝」の単数属

格は des Morgens となります。やがて冠詞が欠落し,属格を残したまま morgens が出現します。オランダ語で第 2 次世界大戦前の形は des morgens でしたが,今日では 's morgens です。定冠詞が時代とともに変化する様子が目に見えると思います。これに相当する英語は,冠詞を失っているので mornings になります。「毎朝」「いつも朝に」の意味になります。つまり -s を付けることが副詞を作る方法と考えられるようになったのです。

　このような過程を経て成立した Sundays「日曜日にはいつも」, mornings「朝はいつも」, Mondays「月曜日にはいつも」, evenings「夕方はいつも」等の副詞は**名詞の格変化をいくらか残している形ですから,当然古い英語の名残ということになります**。したがって, 口語用法あるいはアメリカ英語の用法といわれても致し方ありません。

　この種の副詞語尾 -s をもつ語は, 他に
always「いつも」
besides「他に」
forwards「前方に」
needs「ぜひとも」
nowadays「近頃は」
sometimes「時々」
someways「何とかして」
等があります。

時を表わす名詞は並列構造を回避する

さらに，on Sundays と Sundays の相違はもう一つあります。

（1）*On Sundays* he came, he was sullen.
（2）*Sundays* he came, he was sullen.

例文（1）は二つの節の間に接続詞がありません。したがって，前に言及した並列あるいは並位構造になり，非文法文になります。ですから，

When he came *on Sundays*, he was sullen.（彼は日曜日に来る度ごとに，不機嫌であった）

のように接続詞を使わなくてはいけません。

それに比較して，例文（2）の Sundays は the monent…「…するとすぐに」, each time…「…する度ごとに」等と同様に，立派な接続詞になり得るのです。そうです。**時を表わす名詞は，副詞を経て，接続詞になり得るのですから，文としての体裁は整っています。**必ずしもよい文章とは言えませんが，ともかくアメリカ英語ではかなり頻繁に見かける英語です。

of を利用した用法

さらに，副詞語尾 -s の発展形を研究しましょう。例

文を見てください。「彼は夕方の映画によく出かける」あるいは「彼は夕方になると映画によく出かける」を訳します。

Er geht oft ins Kino *des Abends*.（ドイツ語）
エァ ゲート オフト インス キーノ デス アーベンツ
He often goes to the movies *the evenings*.（英語）

ドイツ語は自然ですが，英語は何となく奇妙ではないでしょうか。もっとも，古い英語では属格そのものが使用されていましたので，形の上ではこれでよかったのです。

やがて，冠詞が欠落して

He often goes to the movie *evenings*.

になりました。evenings について，あくまで属格（今日の所有格，特に無生物の時は of を利用）という原則にこだわるならば，その残骸ともいえる of を使って of an evening となります。現実に go to the movies *of an evening* の形は，少々古いきらいはありますが可能です。したがって，英語では

He often goes to the movies of an evening.

ができあがります。主として口語あるいはアメリカ英語においてですが。

前置詞 of を利用した英語は他に

of a Sunday「日曜日ごとに」

of a certainty「確かに」
of course「もちろん」
of late「最近」
of necessity「必要に迫られて」
of a truth「実際」

等があります。

2 long と longe は long long ago：副詞と形容詞の相違はあるか？

-ly がつかない単純形副詞

　読者は副詞と形容詞の相違を十分に理解しているでしょうか。皆さんは学校文法で「多くの形容詞は，語尾に -ly を付ければ副詞になる」と教えられてきたはずです。それと同時に，その例外にも触れてきたことと思います。例えば，friendly「友好的な」, lonely「寂しい」, lovely「可愛い」のように -ly が付いても形容詞であるような。タイトルは「かつては long が形容詞で，接尾辞 -e を付けて longe と副詞が作られた。しかし，long long ago「ずっと昔に」に longe は廃語になってしまった。ただし，ドイツ語では lang が形容詞で，lange が副詞になっている」という意味を最大限に出したかったのですが，失敗かもしれません。

　次の例文を見てください。

You may eat your fill and enjoy yourself. But your good cheer costs you *dear* in danger and fear.（ハンドフォード訳：『イソップ物語』：パフィン・ブックス）（君はお腹一杯食べられて楽しいかもしれない。でも素敵な食事は危険と恐怖があり、君には高くつくよ）

後半の文中 your good cheer costs you dear の dear は動詞 costs を修飾しているのですから副詞です。副詞でありながら、-ly は付いていません。それどころか、

We sell *dear*.（我々は高く売る）
We buy *dear*.（我々は高く買う）

の場合には -ly の付いた副詞 dearly は用いないのです。dearly は「高い犠牲を払って」の意味になってしまいます。学校で教えられた事実が嘘になりました。
　次の例はいかがでしょうか。

（1）He walks *slowly*.（彼はゆっくり歩く）
（2）He walks *slow*.（彼はゆっくり歩く）

例文（1）の slowly は学校文法通りの例で -ly が付いて副詞です。しかし、例文（2）では slow は -ly が付かないのに副詞です。このように -ly を付けないで副

詞になるものを単純形副詞（flat adverb）といいます。口語用法であると同時にアメリカ英語に多い用法です。

lang と lange

　しかし，どうしてこのような現象が生じたのでしょうか。これまで研究してきた理論からすると，「アメリカ英語は古い英語だから，-ly が付く副詞と付かない副詞を比較してみた場合，-ly が付かない，いわゆる単純形副詞は古い英語である。したがって，昔は形容詞と副詞の区別はなかった」と判断することは可能かもしれません。

　この判断はある面では正しいのですが，やはり早計と言えるでしょう。アメリカ英語確立の時代には，確かに単純形副詞全盛であったことも事実です。しかし，言語の歴史はそんなに簡単ではありません。

　古期英語の時代には，英語とドイツ語の相違は今日のように顕著ではありませんでした。

　今，英語の long に相当するドイツ語を用いて，当時の相違を推測してみることにします。

　今日の long は，形容詞と副詞の両者を兼ね備えています。一方，ドイツ語では形容詞は lang（ラング），副詞は lange（ランゲ）です。この事実から，ある法則を無理やり推測してみましょう。**かつて，英語もドイツ語も形容詞に -e を付けると副詞になったと。**この仮説を念頭において *OED* を調べてみます。

　形容詞 long は古期英語の時代（*OED* では1100年以前と

しています）には lang であり, 副詞は lange あるいは longe でした。上の仮説は正しかったことが判明しました。

「おまえごとき人間にそんなことがわかるか」と疑念を抱く読者もいるかもしれませんが, 簡単なことです。今日のドイツ語は, 一般に形容詞と副詞が同形ですが, 古いドイツ語の名残として, 形容詞 gern「好ましい」, 副詞 gern(e)「好ましく」, 形容詞 fern「遠い」, 副詞 fern(e)「遠く」, 形容詞 still「静かな」, 副詞 still(e)「静かに」があります。

以上の記述から理解される通り, 形容詞と副詞の相違はまったくなかったわけではありません。

今日の特徴である**形容詞の語尾に -ly を付けると副詞になるという法則は15世紀頃から始まった**ということがわかっています。

3 Mont Blanc は「ケーキ」ではなく「白山」のこと：形容詞の後置

モンブランという山をご存じですね。フランスとイタリアの国境にまたがるアルプスの最高峰で標高が海抜4807メートルあります。正式には, 男性名詞ですから, Le Mont Blanc といいます。フランス語の le は英語の the に相当し, mont は mount, blanc は white です。英語の blank「空白」は blanc から派生したのです。つ

まり，Mont Blanc は Mount White になります。形容詞の後置が自然になされています。

この blanc のような形容詞はフランス語では付加語形容詞と呼ばれ，名詞の前に置かれることもあれば，後置されることもあります。一般的には後置の場合が多いのです。その比率は，後置が70パーセントくらいといわれ，特に科学技術文では90パーセントくらいに達するといわれています。

英語の先祖である低地ドイツ語，あるいはその他のゲルマン語では，形容詞の後置は，原則としては行われませんでした。こう書くと読者から「嘘だ！」の声があがりそうです。しかし，本当です。読者は

I know *nothing particular*. （私は特別なことは何も知らない）

はどうだ！と例をあげるかもしれません。しかし，上の例文における nothing　particular の nothing は「no＋thing」つまり，「形容詞＋名詞」で形容詞が前置されているのです。*OED* に nothing に関して次の記述があります。

In ME. written indifferently as one word or two. （中期英語の時代には，無関係に1語あるいは2語として書かれていた）

参考までに述べますと,古期英語の時代にはno thing と2語として書かれていたのです。ところが,中期英語の時代になりますとnothingと1語あるいは2語に書かれるようになり,中期英語の末期には1語になったのです。その後,必然的にフランス語の影響を受ける結果になります。当然のことながら,形容詞の後置が始まります。そして,particular が付けられたのです。

例をあげましょう。

He provides all help *possible*.（彼はすべての可能な援助をする）

possible のように -ible および -able の語尾を持つフランス語由来の語は,最上級の形容詞,all, every 等の限定的形容詞を伴う時は,後置してもよいのです。もちろん前置も可能ですから

He provides all *possible* help.

も正しいのです。

その他の例をあげます。

the people *present*.「出席している人々」
（参考:「出席している」という意味の形容詞 present が名

詞や代名詞を直接修飾する時は必ず後置されます）

the authorities *concerned*「関係当局」
the people *involved*「関係者」
the person *interested*「関係者」
（参考：以上の３例は過去分詞からなる形容詞で，通例習慣的に後置します）

the body *politic*「国家」
heir *apparent*「法定相続人」
Attorney *General*「（アメリカの）司法長官」
　　　　　　　　　「（イギリスの）法務長官」
the sum *total*「総額」
Japan *proper*「日本本土」
things *Japanese*「日本の風物」

　以上は語法上決まっているもので，フランス語に由来します。フランス語は，英語に移入された時支配者の言語であったため，政治や法律に関する用語が多いのは当然のことでしょう。

第12章

前置詞は全治師ゼウス：前置詞は万能か？

1 前置詞は全治師か，それとも導師か？

かつては接続詞の役割を果たしていた前置詞

前置詞は preposition といいます。pre- は接頭辞でラテン語の prae- に由来し，before「前」の意味です。position は「位置」の意味ですから，preposition とは「前に置く言葉」のことです。今日の英語では，前置詞は原則として名詞の前に置くことになっています。そして，前置詞を中心に考えれば，次に来る名詞を前置詞の目的語と称します。

しかし，前置詞はそれほど単純ではありません。前置詞はその名称とは裏腹に，非常に複雑です。誇大表現をするならば，前置詞は英語の闇の世界を支配するものかもしれません。といいますのも

Where's my book?（私の本はどこにあるの）

の質問に対して，答えは

On the desk.（机の上さ）

でいいでしょう。その代わりに

　　It is on the desk.（それは机の上にあるさ）

が文法的には完璧な答えですが，it is は言葉の重複（pleonasm）になります。

　ここで重要なのは前置詞 on です。on がないと何が何だかさっぱりわかりません。この意味で前置詞はすべての神・半神・人間を支配するゼウス（Zeus）のような全治師といえます。くだらない駄洒落ですが，全治師は「ぜんちし」と読んでください。

　読者は次の前置詞 in の用法をどう考えるでしょうか。

　　Men differ from animals *in that* they can think and speak.（人間はものを考え，また話すことができるという点で動物とは違う）

　問題は前置詞 in の後に that 節がきている点にあります。学校文法では扱わない事柄です。ですから，辞書に慣用表現として現われているのです。上の用例は『新英和中辞典　第 6 版』（研究社）からの引用ですが，何の説明もありません。別の辞書を参照すると，次の説明が

あります。出典は『ラーナーズ・プログレッシブ英和辞典』(小学館) です。

> **in that...**《形式》…という点で；…であるから (because) ▶通例 *that* 節の前には前置詞は置かないが, *in that*…, *except that*…(⇒接13(3))などは特例: We think democracy to be good *in that* it guarantees freedom of speech. 言論の自由を保証するという点において私たちは民主主義をよいものだと思っている。)

この辞書は詳しい説明をしています。しかし, これだけでは十分ではありません。次の例文を参照してください。

> He never goes out *without* he loses his umbrella.（彼は外出すると決まって傘をなくしてくる）

上の用例は『リーダーズ英和辞典』(研究社) からのものですが, さらに, 次の説明があります。

>《古・方》…するのでなくては (unless)（しばしば that を伴う）

以上の記述から奇妙な事実が浮かんできます。前置詞を使った節, in that..., except that..., さらには save that...は認めつつも，without that...は標準語法としては認められていないのです。

さらに興味ある記述を紹介します。

She's living here *from* she was married.
SE : She has been living here *since* she was married.
（ジョン・ハリス〈John Harris〉:「アイルランド北部方言」"English in the north of Ireland"，ピーター・トラッジル編『イギリス諸島の言語』: ケンブリッジ大学出版）

上の例文は前者がアイルランドの北部方言，後者が標準英語です。意味はともに「彼女は結婚以来ここに住んでいる」ということです。アイルランド英語では「from＋(that)節」が存在していることが判明しました。

さあ，結論として前置詞の法則が導かれます。

「前置詞 in, except, save, without, from 等はかつては that 節を従えて接続詞の役割を果たしていたが，時代の変化とともにその役目を変えてきた。今日では in that..., except that... だけが日常語として接続詞の働きを保っている。その理由は，両者が長い年月にわたり頻繁に使用され，消滅する機会を失ったためである。save that... は，今日ではやや古い表現になってしまった。一方 without that... や from that... は標準語法としては完全に消滅してしまったが，きわめて古い用法あるいは方言としてはアイルランドやアメリカ英語などのイギリスか

ら離れた地域において依然として残っている」と。

実際，without や from が接続詞として初期近代英語の時代には標準語法であったことが判明しています。

疑問節を従える前置詞

そもそも，前置詞が次に that 節を従える接続詞としての働きは，ヨーロッパの各言語では共通のことなのです。

The day passed *without that* man came.（英語）
ザ デイ パスト ウィザウト ザット マン ケイム
Der Tag verging, ohne *daß* man kam.（ドイツ語）
デア タークフェアギング オーネ ダス マン カム
La journée s'écoula *sans que* personne vînt.（フランス語）
ラ ジュルネ セクーラ サン ク ペルソンヌ ヴァン

上の3例はいずれも「誰も来ないで一日が過ぎていった」の意味の文です。英語では標準語法としての「without+that 節」は消失しましたが，ドイツ語における相当語句「ohne+daß...」，フランス語の「sans+que...」は，いずれも英語の「前置詞+that 節」の形になってはいますが標準用法です。

参考までに，もう一つ例をあげておきます。「…の間」に相当する英語の during はフランス語の動詞 durer に由来します。英語では「during+that 節」は廃語ですが，フランス語では「durant que...」の形式で使用されています。もっとも，古い用法ではありますが。ドイツ語では während...「…の間」はやはり，前置詞と接続詞

の役割を兼ね備えています。

　すでに十分理解できたと思います。英語はヨーロッパ語のなかで独自の発展・変化の方向に向かっていることが。

　他方，英語から「前置詞＋節」の型が完全に消滅したかというと，そうではありません。厳然と残っています。
　次の例がそれです。

There was no evidence *of how* the attack was carried out or *who* was behind the incident.（その襲撃がどのように実行されたか，また誰が事件の背後にいたかの証拠はなかった）

　この文における of 以下を見てください。前置詞のあとに how... や who... の節がきています。
　その他の例を拾ってみます。

Your family depends *on whether* you pass the examination.（君の家族は君が試験に合格するかどうかにかかっている）
You have no idea *of how* much she has missed you.（君がいなくて彼女がどのくらい寂しがっていたか君にはわからない）
There is no knowing *as to which* was the better team.（どちらがよりよいチームか知ることはできない）

He is anxious *about where* she has gone.（彼女がどこへ行ったのかと彼は心配している）

以上の例から，前置詞の後に節がくる場合の条件を導き出せるのではないでしょうか。すなわち，**前置詞はその後に疑問節がくる場合に限って節を導くことが可能な**のです。この場合，口語用法では，それぞれ前置詞 on, of, as to, about は省略可能です。

最後にもう一度結論を述べましょう。**前置詞の後に節がくることは，初期近代英語ではふつうのことでした。文法の整備が進むにつれて，それは減少の方向に向いています。ただし，次に疑問節がくる場合には今日でも節を導くことは可能です。**その際，今日でも前置詞は省略されることが可能ですから，将来的には前置詞の後に節がくる用法は確実に減る傾向は否定できないでしょう。

2 前置詞は形容詞の導師

前項では，前置詞が節の前に来る形を調べました。ここでは前置詞が名詞以外の他の品詞の前に置かれる例を検討することにしましょう。

（1）She is far *from healthy*.（彼女は健康どころではない）
（2）She regards him *as diligent*.（彼女は彼を真面目

だと考えている）

（3） The sun came out *from behind* the clouds.（太陽は雲の後ろから現われた）

例文（1）および例文（2）では，前置詞 from, as の後に形容詞がきています。この場合には from, as の後に being を補えば，前置詞の後に動名詞がくることになり「名詞の前に置く前置詞」の定義通りになります。

しかし，形の上からは「前置詞は形容詞の前に置ける」という事実は否定できないでしょう。

例文（3）は，前置詞が前置詞の前に置かれています。

結局，**前置詞は名詞ばかりでなく，さまざまな品詞の前に置くことが可能である**ことがわかりました。この原則は，今日の英語文法の統一性の観点からは容認できない事実であり，将来は何らかの規制が加えられるような気がするのです。

3 後置詞（postposition）

前置詞は名詞あるいはその他の品詞の前に置くという理由で「前置詞」と名付けられたのですが，必ずしも前置されるわけではありません。これに関して，笑い話があります。

アメリカのハイスクールの国語の時間，つまり英語の時間のことです。先生が前置詞について教えていたので

す。先生は「前置詞は名詞の前に置くべきものですから，文末に置くなんて言語道断です」と再三繰り返した後，黒板にこう書いたのです。

Preposition is a word which we cannot end a sentence *with*.（前置詞とは文の最後に置いてはならない言葉である）

その瞬間に生徒たちは一斉に笑いころげたというのです。先生は，自ら自分が教えていることと反対の事実を黒板に書いてしまい，文法規則と日常語の相違を図らずも露呈してしまったのです。前置詞を文末に置くことで。

これで次の文の相違も理解できるのではないでしょうか。

For what did you go there?
What did you go there *for* ?

いずれも「何のために君はそこへ行ったの」という意味です。前者が正式の表現ですが，日常は後者を用いるのが一般的です。後者の for は後置詞と呼ばれるべきものです。

あとがき

　最後まで我慢強く読んでいただき，ありがとうございました。

　本書を書くきっかけは，実はごく単純でした。日頃一緒に酒を飲む同僚と，例によって飲んでいる時のことでした。職場には必然的に自然科学系の研究者が多いことから，学問とは何ぞや，英語学とは何ぞやという話題になったのです。当然と言えば当然ではありますが，英語は暗記ものであり，体系的ではないと主張する同僚がおりました。たぶん，読者の中にもそう考える人もいると思います。

　著者はその考えに反論をしました。「確かに英語は言語の一つであるから，必要最低限のことは覚えなくてはなりません。しかし，一定量の語彙・句・節が頭の中にインプットされれば，その後は数学の公理・定理と同じように機能するのが英語である。英語は数学だ」と。最後の表現はナンセンスであることは百も承知ですが，売り言葉に買い言葉で思わず口走ってしまったのです。そして，「それでは，英語がいかにシステマティックにできているか証明してやろう」と大見得を切ったのです。

本書執筆の動機です。

　英語は表面に現われる現象を追うだけでは本質が見えてきません。深層構造を追求し，数量的・実証的に研究される必要があります。その結果として出現したのが変形文法ですが，変形文法はある面では現代の事象しか考えていません。

　言語は突然変異で生ずるものではありません。単語や表現は突然変異で生ずることが可能です。しかし，それはあくまで言語のごく一部です。言語には民族の血が流れています。民族の血は，時代を流れ，他民族との交わりの中を流れています。すなわち，言語は通時的に，かつ共時的に研究すべきものです。ある言葉がどのような状況で生まれ，どの経路を経て伝播したかを研究し，これが統合された結果，どのように相互に影響を与えているかを考えずには，我々は将来の言語の指針を図ることはできません。この過程をつねに念頭に置いて本書を書いたつもりです。

　英語の語彙の8割以上はフランス語系のもので，ドイツ語系の語彙は2割以下と言われています。おそらく事実でしょう。人によってはその差はもっと大きいということもあります。しかし，日常会話で使用する語彙では，ドイツ語系の語彙の比率が著しく増加するでしょう。そして，いかに外国語であるフランス語の影響が強くとも，文法自体まで変わることはありえません。英語が西ゲルマン語の一つといわれる由縁です。読者も十分ゲルマン

性を楽しんだことと思います。

　楽しんだ？　冗談ではない！　と気色ばむ人もいるかもしれません。申し訳ありません。本書に登場したさまざまな言語に手を焼いたかもしれません。しかし，本書を最後まで読んでくださった読者の多くは，学生時代にドイツ語かフランス語を勉強したはずです。そして，その記憶の糸をたどりながら読んでいただけたと思っております。

　一般に日本人は英語が不得手だといわれています。日本国内で生活している限り，英語の必要性は感じないのですから。それに比較するとヨーロッパ人は英語が得意です。特にドイツ人やオランダ人は抜群です。環境もさることながら，同じ語属に属するのですから，当然だと思います。日々の暮らしの中で，相互言語間の慣用・規則を自然に身につけているのですから。

　本書はこのように目に見えない慣用・規則を読者にお見せできたのではないかと密かに自負しております。

　とはいえ，言葉は魔物です。魔物が著者の理性を狂わせた点も多々あるかもしれません。読者のご叱正を請いたいと存じます。

　最後に本書の出版に際して多大なご協力とご鞭撻を戴いた平凡社編集部・編集３課〈新書編集部〉の飯野勝己氏に心から感謝の意を申し上げます。

平成12年10月吉日　　　　　　　　　　　　　　　　鈴木寛次

【著者】

鈴木寛次（すずき かんじ）

1941年千葉県生まれ。早稲田大学商学部、東京都立大学人文学部英文科・独文科卒業。現在、東京理科大学教授。英語を教えるとともに、英語、ドイツ語、オランダ語など西ゲルマン語の比較言語学を研究している。著書に、『こうちがう！ イギリス英語とアメリカ英語』（桐原書店）、『英語の本質』（郁文堂）、『発想転換の英文法』（丸善ライブラリー）などがある。

平凡社新書063

こんな英語ありですか？
謎解き・英語の法則

発行日────2000年11月20日　初版第1刷

著者────鈴木寛次

発行者───下中直人

発行所────株式会社平凡社
　　　　　東京都目黒区碑文谷5-16-19　〒152-8601
　　　　　電話　東京(03)5721-1230［編集］
　　　　　　　　東京(03)5721-1234［営業］
　　　　　振替　00180-0-29639

印刷・製本─図書印刷株式会社

装幀────菊地信義

©SUZUKI Kanji 2000 Printed in Japan
ISBN4-582-85063-4
NDC分類番号830　新書判(17.2 cm)　総ページ200
平凡社ホームページ http://www.heibonsha.co.jp/

落丁・乱丁本のお取り替えは小社読者サービス係まで
直接お送りください（送料は小社で負担します）。

平凡社新書好評既刊!

005 ユーロは世界を変える
相沢幸悦

欧州通貨統合は、世界をどのように変えていくのか? 世界史のスケールで描く。

009 デパートB1物語
吉田菊次郎

華麗なる食のパラダイスの魅力と全貌がわかる、デパ地下ファン必読の一冊!

018 追憶の60年代カリフォルニア
すべてはディランの歌から始まった
三浦久

今も歌い続ける著者が、高校・大学生として体験した対抗文化のアメリカとは?

019 インターネットの中の神々
21世紀の宗教空間
生駒孝彰

電脳空間に広がりつつある"神々"の姿とは? 情報社会の魂のゆくえを追う。

020 イギリスの大貴族
海保眞夫

シェイクスピア劇にも登場する三大名門の、盛衰の数百年を描ききった歴史物語。

026 破産しない国イタリア
内田洋子

間違いだらけの国で確実に生き残るには? イタリア人の気力と体力を学ぶ13話。

029 ベトナムの微笑み
ハノイ暮らしはこんなに面白い
樋口健夫

"微笑みの国"での暮らしとは? 愛と笑いと不思議に満ちたベトナム滞在記。

033 外資系で働くということ
林謙二

外資系にみる仕事のかたちとは? 仕事とカイシャのこれからを考える。

034 インディアンの夢のあと
北米大陸に神話と遺跡を訪ねて
徳井いつこ

大地に残された数々の不思議から、ネイティブアメリカンの人生観が見えてくる。

037 廃墟巡礼
人間と芸術の未来を問う旅
宇佐美圭司

崩壊と生成のテーマを追ったアジア・中東・北アフリカの遺跡紀行。写真100点。

042 環境政治入門
松下和夫

法の制定や監査、情報公開など、環境を守る政治の仕組みを日米比較から考える。

047 エイズ・デイズ
危機と闘う人びと
宮田一雄

地球規模の危機としてエイズをとらえ、感染者への支援の視点から行動を考える。

050 オーストラリア物語
歴史と日豪交流10話
遠藤雅子

滞豪生活十数年の作家が案内する、意外に知られていない歴史と日豪交流秘話。

053 テレビ制作入門
企画・取材・編集
山登義明

現役ディレクターによるドキュメンタリー制作の手法。マスコミ志望者必読の書。

055 英国王室と英国人
荒井利明

英国人気質と「新しい英国」の激動のなかで変容を続ける王室の姿を描く。

057 プロレタリア文学はものすごい
荒俣宏

「プロ文」はこんなに面白い！ 歴史に埋もれた文学の痛快無比な魅力を紹介。

058 中国の権力システム
ポスト江沢民のパワーゲーム
矢吹晋

中国は果たして権力闘争から脱皮したのか？ 21世紀中国トップの姿を予測する。

059 蛇女の伝説
「白蛇伝」を追って東へ西へ
南條竹則

恐ろしくも愛らしい蛇女とは何者か。世界の文学を巡り、伝説のルーツを探る。

060 漬け物大全
美味・珍味・怪味を食べ歩く
小泉武夫

日本と世界の多種多様な漬け物を紹介、その驚異に満ちた味を紙上で楽しむ。

061 金融開国
グローバルマネーを手なずけろ
益田安良

グローバルマネーの横暴を制御する、"ポジティブ金融開国"を提唱する。

062 墓をめぐる家族論
誰と入るか、誰が守るか
井上治代

樹木葬、生前葬など、墓からの解放と「死後の自立」をめざす現代家族のゆくえ。

064 アンデス 食の旅
高度差5000mの恵みを味わう
高野潤

高地からアマゾン流域の低地まで、特異な食材と料理、酒を求めて歩き回った旅。

065 サウンド・エシックス
これからの「音楽文化論」入門
小沼純一

着メロは音楽か？ もっと豊かな「音―楽」ライフを求めて、音楽文化論の冒険。

066 日本人はカレーライスがなぜ好きなのか
井上宏生

和洋折衷メニュー開発、レトルト戦争など、食の文明開化によせた人びとの想い。